MÄXCHEN TREUHERZ
Und die Juristischen Fußangeln

Von

Gisela Sedelmeier

Inhalt

Abkürzungsverzeichnis

Lieber Leser!

Durch die nachfolgenden Ausführungen beabsichtigen wir nicht, Furcht zu verbreiten oder Sie in Ihrem politischen Einsatz zu lähmen. Im Gegenteil wünschen wir uns, daß sich noch viel mehr Deutsche dafür einsetzen, daß in Deutschland wieder eine volkserhaltende und volksfördernde Politik betrieben wird. In der Vergangenheit mußten wir aber feststellen, daß gerade junge und sehr idealistisch gesinnte Deutsche aus Unwissenheit oder Leichtsinn ihre politischen Tätigkeiten in einer derartigen Weise betrieben, daß sie in Strafverfahren verwickelt wurden. Meist bewirkte dies nichts, sondern forderte von den Betroffenen nur einen hohen Einsatz an Geld, Zeit und Nerven. Viele von ihnen stellten daher ihren politischen Einsatz ein und zogen sich in ihr Privatleben zurück.

Wir meinen, daß unsere politische Arbeit nicht so sehr im Gerichtssaal und vor den Strafverfolgungsbehörden und anderen Staatsorganen erfolgen sollte, sondern vor allem im Volk selber. Denn dort müssen und können wir auch überzeugen, — die Staatsorgane und die Gerichte werden wohl die letzten sein, die sich von unseren Gedanken überzeugen lassen werden!

Das Anliegen dieses Heftes ist es daher, der in unseren Kreisen herrschenden Unwissenheit und Unsicherheit Einhalt zu gebieten. Möge es dazu dienen, daß die politisch Tätigen mit Hilfe dieses Heftes alle legalen Mittel voll ausschöpfen können!

Hamburg, im Februar 1992

Gisela Sedelmeier

Mäxchen und die Hakenkreuze

Heute betätigt sich Mäxchen Treuherz zum ersten Mal als Floh-
marktverkäufer. Die Hände in die Hosentaschen gestopft und von
einem Bein auf das andere tappend, steht er aufgeregt auf dem
Marktplatz. Vor sich hat er wie die anderen „Flohhändler" ein
wackeliges, altes Tischchen aufgebaut. Aber das, was Mäxchen verkauft, ist nur bei ihm erhältlich: Auf dem Verkaufstisch stehen, in
Reih und Glied schön sauber ausgerichtet, zwei Dutzend hölzerne
Modellflugzeuge. Eigentlich handelt es sich bei ihnen um Spielzeug,
aber für Mäxchen bedeuten sie noch mehr: Das Basteln von Flug-
zeugen aus dem zweiten Weltkrieg ist seine große Leidenschaft.
Und da das Material hierfür recht teuer ist, Mäxchens Lehrlingsge-
halt aber auch nicht allzuviel abwirft, hat sich Mäxchen seufzend
entschließen müssen, sich von einigen etwas älteren und noch nicht
ganz so ausgereiften Stücken zu trennen und sie hier auf dem Flohmarkt zu Geld zu machen, um wieder neue Flugzeuge bauen zu
können. Mäxchen blickt noch einmal auf seine Modelle. Es ist sein
ganzer Stolz, daß er sie maßstabsgerecht und bis in die kleinsten
Einzelheiten wirklich originalgetreu hergestellt hat: Vom Propeller
bis zum Hecklicht ist an ihnen alles dran, in den Kanzeln sitzen sogar kleine Piloten. Auch die Tarnfarbe, die Beschriftung und sogar
die Hoheitsabzeichen stimmen. Einträchtig stehen da auf Mäxchens
Tischchen nebeneinander u.a. eine britische Lancaster, eine sowje-
tische Rata und eine deutsche He 111. Der knallrote, fünfzacki-
ge Sowjetstern leuchtet neben dem schwarz-weißen Hakenkreuz.
Und obwohl Mäxchen nicht wie andere Händler marktschreierisch
seine Ware anpreist, macht er ein gutes Geschäft. Sein Tisch ist
ständig von Angehörigen des männlichen Geschlechts aller Alters-
stufen umlagert. Da wird kritisch geprüft, gefachsimpelt und hart

7

um den Preis gerungen. Schon am Nachmittag hat Mäxchen alle Flugzeuge verkauft. Der Kassenschlager war eine Ju 87, für die Mäxchen sogar hundert Mark erzielt hat. Höchst zufrieden packt Mäxchen seinen Tisch zusammen, geht, ein Lied vor sich hinpfeifend, nach Hause und überlegt, welches Flugzeug er als nächstes basteln soll.

In diese Hochstimmung hinein paßt ein amtliches Schreiben von Staatsanwalt Nidung so gar nicht, in dem etwas von „Öffentlichem Verwenden von Kennzeichen verfassungswidriger Organisationen gemäß § 86a StGB" steht, indem Mäxchen „auf dem Flohmarkt zwölf Modellflugzeuge mit Hakenkreuzen öffentlich ausgestellt habe". „Das kann doch nicht strafbar sein", denkt Mäxchen. Er hat aber so viele andere Dinge wegen der genauen Berechnung und verfeinerten Konstruktion seiner neuen Ju 87 im Kopf, daß er das Schreiben von Staatsanwalt Nidung irgendwo in seinen Schrank

8

stopft. Mäxchen huldigt sowieso dem Grundsatz, daß man unangenehme Dinge am besten dadurch löst, indem man sie einfach nicht beachtet. Doch irgendwie scheint dieser Grundsatz im vorliegenden Falle nicht hilfreich zu sein, denn Mäxchen erhält nach einigen Wochen sogar noch eine Ladung zu Gericht. Kopfschüttelnd wundert er sich, daß diese Sache immer noch nicht aufgeklärt ist. Dann tröstet sich Mäxchen aber damit, daß Gerichte nach Aussagen eines Arbeitskollegen wirklich sehr nett sind. Dieser ist schon einige Male beim „Schwarzfahren" und bei Kaufhausdiebstählen erwischt worden, aber er kam bei Gericht immer sehr glimpflich mit irgendwelchen Verwarnungen und Arbeitsauflagen davon. „Da kann es bei mir ja auch nicht so schlimm werden, denn ich bin ja noch nie straffällig geworden", denkt Mäxchen beruhigt.

Aber die Gerichtsverhandlung verläuft äußerst beunruhigend. Mit schneidender Stimme verliest Staatsanwalt Nidung die Anklageschrift. Auf Mäxchens schüchternen Einwurf, er habe doch nichts mit dem Nationalsozialismus zu tun, sondern nur Flugzeugmodelle originalgetreu gebaut, und es handle sich doch nur um sein Hobby, ja im Grunde genommen doch nur um Spielzeug, antwortet Staatsanwalt Nidung mit funkelnden Augen und gespitzten Lippen: „Nach dem Willen des Gesetzgebers soll das Hakenkreuz aus dem öffentlichen Erscheinungsbild der Bundesrepublik Deutschland verbannt sein. Gegenüber in- und ausländischen Beobachtern soll der Anschein vermieden werden, daß es bei uns eine Wiederbelebung des Nationalsozialismus oder auch nur eine Duldung nationalsozialistischer Bestrebungen gebe. Das Hakenkreuz darf sich bei uns nicht wieder derart einbürgern, daß es schließlich auch wieder von den Verfechtern des Nationalsozialismus gefahrlos gebraucht werden kann. Es darf nicht sein, daß Kinder und Jugendliche mit Spielzeug aufwachsen, auf dem Hakenkreuze abgebildet sind. Denn die Jugendlichen könnten sonst mit dem Hakenkreuz freundliche, aus dem Spiel erwachsende Vorstellungen verbinden, was sie für spätere nationalsozialistische Bestrebungen wieder anfälliger machen könnte." Staatsanwalt Nidung beantragt schließlich eine hohe Geldstrafe für Mäxchen — „angesichts der Gefährlichkeit des verwirklichten Straftatbestandes, und damit dem Angeklagten sein verwerfliches Tun drastisch vor Augen geführt wird."

Und ehe Mäxchen noch richtig begreift, was da vor sich geht, ist er zu einer saftigen Geldstrafe verurteilt worden. Er muß eine so hohe Summe an die Staatskasse bezahlen, daß die gesamten Einnahmen vom Flohmark verschlungen werden. Da diese nicht ausreichen, muß er obendrein noch ein paar Überstunden machen. Mäxchen versteht das alles nicht, er hatte doch nur Spielzeug verkauft!

O liebes Mäxchen, drum rat' ich Dir: Sei vorsichtig mit der Juristerei, denn das ist eine schwierige Angelegenheit! Sie kann gefährlich werden, wenn Du heute bei uns geltende Tabu-Grenzen überschreitest! Drum geh' mit aller Klugheit vor und suche Dir unbedingt rechtskundigen Rat!

Juristische Fußangeln zum Stichwort „Verfassungswidrige Propagandamittel und Kennzeichen"

Wer Bücher, Orden, Uniformstücke und ähnliche Dinge aus der Zeit des Dritten Reiches und des Nationalsozialismus verbreitet oder verwendet, lebt heutzutage in Deutschland nicht ganz ungefährlich. Es besteht die Gefahr, wegen „Verbreitens von Propagandamitteln verfassungswidriger Organisationen" (§ 86 StGB) oder wegen „Verwendens von Kennzeichen verfassungswidriger Organisationen" (§ 86a StGB) bestraft zu werden.

Unter die *strafbaren* verfassungswidrigen Propagandamittel iSd § 86 StGB fallen u.a. nach der Rechtsprechung:

- die deutsche Ausgabe einer seit den siebziger Jahren in den USA erscheinenden Zeitschrift, die sich zum Nationalsozialismus bekennt (Der Titel ist uns bekannt, aber nicht angegeben, weil wir hierfür keine — möglicherweise strafbare — Werbung machen dürfen.). (BGH, Urteil vom 14.02.1979, Az. 3 StR 412/78 (S), zu finden in BGHSt 28, 296 ff.),

- Bücher und Schriften, die das Buch „Mein Kampf" von Adolf Hitler durch Ergänzungen oder Zusätze aktualisieren, so daß sie sich gegen die Verfassung der BRD richten (BGH, Urteil vom 25.07.1979, Az. 3. StR 182/79 (S), zu finden in BGHSt 29, 73 ff, 78),

- ein Buch, das in den achziger Jahren erschienen ist und sich zum Nationalsozialismus bekennt (Fußnote wie oben), (BGH, Urteil vom 08.06.1983, Az. 3 StR 476/82 (S), zu finden in BGHSt 32, 1 ff.).

- die Parole, die Rotfront solle „verrecken" (BGH, Urteil vom

04.03.1987, Az. 3 StR 575/86, zu finden in MDR 1988, 353).

Nicht unter die verfassungswidrigen Propagandamittel iSd § 86 StGB fallen dagegen u.a. und sind daher *straflos* , weil es sich um sogenannte „vorkonstitutionelle" Schriften handelt:

- das Buch „Mein Kampf" von Adolf Hitler (BGH, Urteil vom 25.07.1979, Az. 3 StR 182/79 (S), zu finden in BGHSt 29,73 ff.),

- sowie der Nachdruck dieses Buches ohne Zusätze (BGH aaO).

- *Nicht strafbar* ist ebenfalls das bloße Werben und Verherrlichen des Dritten Reiches und des Nationalsozialismus, indem Wehrmachtsberichte, Reden Adolf Hitlers und Reportagen aus dem 2.WK kommentarlos aneinandergereiht werden (BGH, Urteil vom 23.07.1969, Az. 3 StR 326/68, zu finden in BGHSt 23, 64 ff.).

Unter die *strafbaren* verfassungswidrigen Kennzeichen iSd § 86a StGB fallen u.a. nach der Rechtsprechung:

- das Bild Adolf Hitlers (BGH, Urteil vom 09.08.1965, Az. 1 StE 1/65, zu finden in MDR 1965, 923 und OLG Schleswig, Urteil vom 14.12.1977, Az. 1 Ss 706/77, zu finden in MDR 1978, 333 f.),

- das Hakenkreuz (z.B. BGH, Urteil vom 23.07.1969, Az. 3 StR 326/68, zu finden in BGHSt 23/64 ff. und Urteil vom 25.04.1979, Az. 3 StR 89/79, zu finden in BGHSt 28, 394 ff. und Urteil vom 25.05.1983, Az. 3 StR 67/83 (S), zu finden in BGHSt 31,383 ff.),

- die Grußform „Mit deutschem Gruß" in einem Brief, dessen Aufmachung und Inhalt eindeutig erkennen läßt, daß dies im

12

nationalsozialistischen Sprachgebrauch gemeint ist (BGH, Urteil vom 08.09.1976, Az. 3 StR 280/76 (S), zu finden in BGHSt 27, 1 f.),

- die leicht abgeänderte Sig-Rune des Deutschen Jungvolks (BGH, Beschluß vom 23.09.1985, Az. 3 StR 260/85, zu finden in MDR 1986, 177),

- das „Horst-Wessel-Lied" (BGH, Urteil vom 09.08.1965, Az. 1 StE 1/65, zu finden in MDR 1965, 923 und BayObLG, Urteil vom 19.07.1962, Az. RReg 4 St 171/62, zu finden in NJW 1962, 1878 und OLG Oldenburg, Urteil vom 05.10.1987, Az. Ss 481/87, zu finden in MDR 1988, 251 f.),

- der Gruß „Heil Hitler" (OLG Celle, Urteil vom 16.07.1970, Az. 1 Ss 114/70, zu finden in NJW 1970, 2257 f.),

- ein dem Hakenkreuz ähnliches Zeichen (OLG Hamburg vom 27.05.1981, Az. 1 Ss 45/81, zu finden in MDR 1981, 779 f. und OLG Köln, Urteil vom 09.05.1984, Az. 3 Ss 886-887/83 (69/84), zu finden in NStZ 1984, 508),

- die doppelte Sig-Rune oder „SS-Rune" (OLG Stuttgart, Urteil vom 28.09.1981, Az. 3 Ss (13) 671/81, zu finden in MDR 1982, 246 und OLG Frankfurt/Main, Beschluß vom 29.03.1982, Az. 4 Ss 173/81, zu finden in NStZ 1982, 333),

- das Keltenkreuz (Urteil beim Deutschen Rechtsbüro erfragen).

Nicht unter die verfassungswidrigen Kennzeichen iSd § 86a StGB fallen dagegen und sind daher *straflos*:

- eine verspottende, satirische Darstellung von Adolf Hitler (BVfG, Beschluß vom 03.04.1990, Az. 1 BVR 680-681/86, zu finden in NJW 1990, 2541),

- karikaturistisch verzerrte Darstellungen des Hakenkreuzes, die eine eindeutige Ablehnung des Nationalsozialismus erkennen lassen (BGH; Urteil vom 14.02.1973, Az. 3 StR 1/72 I , zu finden in BGHSt 25, 128 ff.),

- der Widerstandsgruß, bei dem der rechte Arm erhoben wird und Daumen, Zeige- und Mittelfinger gespreizt sowie Ringfinger und kleiner Finger angewinkelt werden (BGH, Urteil vom 12.05.1981, Az. 5. StR 132/81, zu finden in MDR 1981, 972, 973),

- das Verwenden von SS-Runen mit dem Ziel, vor einem Wiederaufleben des Nationalsozialismus zu warnen (OLG Stuttart, Urteil vom 28.09.1981, Az. 3 Ss (13) 671/81).

- die Odalrune (AG Bayreuth, Beschluß vom 30.03.1992, Az. 1 Ds 1 Js 8606/91)

Es ist *strafbar*, die genannten Propagandamittel und Kennzeichen

- zu verbreiten,

- zur Verbreitung herzustellen,

- vorrätig zu halten

- und einzuführen,

- die verfassungswidrigen Kennzeichen darf man außerdem nicht öffentlich, in einer Versammlung oder in Schriften verwenden.

Es ist jedoch *straflos* , die genannten Propagandamittel und Kennzeichen zu besitzen, also jeweils ein einziges Stück z.B. in seiner Wohnung oder in einer privaten Sammlung aufzubewahren.

Es ist auch *straflos*, auf einer privaten Hitler-Geburtstagsfeier auf einem privaten Grundstück, das von außen nicht einsehbar ist, nationalsozialistische Symbole zu zeigen (OLG Koblenz, Urteil vom 17.02.1981, Az. 1 Ws 66/81, zu finden in MDR 1981, 600 f.).

Eine Verbreitung oder Verwendung verfassungswidriger Propagandamittel und Kennzeichen ist jedoch ausnahmsweise dann erlaubt, wenn dies unter die sogenannte „Sozialadäquanzklausel" des § 86 III StGB bzw. des § 86a III StGB fällt. Das ist der Fall, wenn die Verbreitung oder Verwendung der verfassungswidrigen Propagandamittel und Kennzeichen der Kunst, der Wissenschaft, der Berichterstattung über Vorgänge der Geschichte oder ähnlichen Zwecken dient.

Nicht unter diese Sozialadäquanzklausel fallen nach der Rechtsprechung die folgenden Handlungen, sie sind also *strafbar*:

- die Verwendung des Hakenkreuzes auf einem Buchumschlag oder auf einer Schallplattenhülle zum Zwecke der „reißerischen" Käuferwerbung (BGH, Urteil vom 23.07.1969, Az. 3 StR 326/68, zu finden in BGHSt 23, 64 ff, 78f. und LG München, Urteil vom 28.09.1984, Az. 5 KLs 115 Js 5535/82, zu finden in NstZ 1985, 311 f.),

- die Verwendung des Hakenkreuzes auf Spielzeug-Flugzeugen (BGH, Urteil vom 25.04.1979, Az. 3 StR 89/79, zu finden in BGHSt 28, 394 ff.),

- die Verwendung des Kopfbildes von Adolf Hitler in einer Zeitschrift mit rechtsextremistischem Inhalt (OLG Schlewig, Urteil vom 14.12.1977, Az. 1 Ss 706/77, zu finden in MDR 1978, 333 f.).

Unter die Sozialadäquanzklausel fallen dagegen die folgenden

Handlungen, sie sind also straflos:

- das Anbieten von Uniformteilen und Orden mit dem Hakenkreuz nur unter der Voraussetzung, daß die Käufer sie nur zu
  den in der Sozialadäquanzklausel gebilligten Zwecken verwenden (BGH, Urteil vom 25.05.1983, Az. StR 67/83 (S), zu finden
  in BGHSt 31, 383 ff.).

Es sei aber ausdrücklich darauf hingewiesen, daß die Rechtsprechung gegenüber „Rechtsradikalen" oder „Nationalen" die Sozialadäquanzklausel noch niemals angewandt hat, also die Strafbarkeit bejaht. Angesichts der Fülle der ergangenen Urteile konnten
wir i.ü. nur die wichtigsten Fragen behandeln. Sollten Sie, lieber
Leser, zum Thema der Verbreitung verfassungswidriger Propagandamittel und Kennzeichen noch weitere Fragen haben, müssen wir
Sie bitten, sich an einen Rechtsanwalt zu wenden.

Mäxchen und die Ausländer

Mäxchen Treuherz widmet sich gerade seiner wichtigsten Abendbeschäftigung: Die Seiten geräuschvoll umblätternd und ab und zu ein „Hmhm" oder ein „Soso" vor sich hinbrummend, liest er die Zeitung. Jetzt aber springt ihm eine dickgedruckte Überschrift in die Augen : „Bürgermeister dankt ausländischen Arbeitnehmern". Mäxchens gute Laune schwindet, als er nun lesen muß, daß der Bürgermeister bei einem Empfang von Mitgliedern des Vereins „Mehr Asylantenrechte e.V." gefordert hat, die Einreisebedingungen für Ausländer in die Bundesrepublik Deutschland zu erleichtern, die Integration zu fördern und Vorurteile gegenüber „unseren ausländischen Mitbürgern" abzubauen, denn „sie bereichern unsere Kultur ja so überaus vielfältig". — „Was sind denn das für Verrücktheiten?" murrt Mäxchen. Seine Galle läuft vollends über, als er sich — dem Zeitungsbericht zufolge — belehren lassen muß, daß „alle Bürger den ausländischen Arbeitnehmern Dank schulden, weil diese das Wirtschaftswunder in Deutschland ermöglicht haben". — „Das ist doch eine glatte Lüge!" ruft Mäxchen empört und schlägt mit der Faust auf den Tisch. Und getreu der Aufforderung der Politiker, ein mündiger Bürger zu sein und seine Meinung zu allen Fragen frei zu äußern, setzt sich Mäxchen hin und schreibt einen offenen Brief an den Bürgermeister. Was er da über das Verhältnis der in Deutschland lebenden Ausländer zu uns Deutschen und die sich daraus ergebenden Gefahren schreibt, ist recht deutlich. Mäxchen zitiert Kriminalstatistiken und Zeitungsberichte und schreibt sich so richtig seinen Zorn vom Herzen. Im guten Gefühl, daß die Mehrheit seiner Verwandten, Bekannten und Arbeitskollegen so denkt wie er, bringt er vier Seiten zu Papier und schließt den Brief befriedigt „mit vorzüglicher Hochachtung – Ihr

17

sehr ergebener Mäxchen Treuherz". Und dann wartet er gespannt auf eine Antwort des Bürgermeisters. Die kommt auch. Allerdings fällt sie etwas anders aus, als erwartet. Mäxchen erhält nämlich einen Brief, doch erst nach zwei Monaten, und auch nicht vom Bürgermeister, sondern von - Staatsanwalt Nidung.

Denn der hatte Mäxchens Brief von der Chefsekretärin des Bürgermeisters zugesandt bekommen, und bei ihr wiederum handelt es sich um ein äußerst rühriges Mitglied des „Vereins gegen Rassismus und Faschismus e.V.". Diese tüchtige Streiterin also hatte Mäxchens Brief mit einem freundlichen Begleitschreiben an Staatsanwalt Nidung gesandt, das in der weit weniger freundlichen Aufforderung gipfelte, Mäxchen Treuherz mit der ganzen Strenge des Gesetzes zu bestrafen. Und Staatsanwalt Nidung hatte Mäxchens Brief einer sorgfältigen Prüfung unterzogen, Gesetzeskommentare gewälzt und schließlich „Da haben wir es! Ein klarer Fall von Volksverhetzung!" ausgerufen. Und so kam es zur Anklage wegen § 130 des Strafgesetzbuches und schließlich zur Gerichtsverhandlung gegen Mäxchen Treuherz.

Der ist entrüstet. Er fühlt sich völlig mißverstanden. Im Vertrauen auf den Gerechtigkeitssinn der Obrigkeit bekennt er sich selbstverständlich zu allem, was er in seinem Brief geschrieben hat. Er, ein anständiger, arbeitsamer und steuerzahlender Bürger, beruft sich auf die Wahrheit seiner Äußerungen und auf die Meinungsfreiheit. Er kann sogar den entsprechenden Grundgesetzartikel — es ist der fünfte — zitieren, denn er hatte sich noch schnell am Tag vor der Gerichtsverhandlung eine Taschenbuchausgabe des Grundgesetzes besorgt. Doch er erntet nur gelangweilte Mienen und ein unterdrücktes Gähnen im Saal.

Und Staatsanwalt Nidung ruft mit erhöhter Stimme und weit

18

ausholender Gebärde :„Das ist ja ein ganz besonders hartnäckiger Fall! Der Mann ist ja völlig uneinsichtig und verbohrt!" Und dann muß sich Mäxchen belehren lassen, daß eine Äußerung mit volksverhetzendem Inhalt strafbar ist, ganz gleichgültig, ob sie wahr ist oder nicht. Und wenn Mäxchen sich schon auf Artikel 5 des Grundgesetzes berufe, dann solle er diesen gefälligst ganz und auch den zweiten Absatz lesen, in dem es heißt: „Die Meinungsfreiheit findet ihre Grenze in den allgemeinen Gesetzen". Ein solches ist der Volksverhetzungsparagraph des Strafgesetzbuches, und er schränkt die Meinungsfreiheit ein. Und ehe sich Mäxchen versieht, ist er zu einer saftigen Geldstrafe verurteilt worden. Mäxchen ist nun vorbestraft, er ist ein Verbrecher. Und er darf ganz schön tief in die Tasche greifen und die Gerichtskosten an die Staatskasse zahlen. Mäxchen Treuherz versteht die Welt nicht mehr, –er hatte doch nur einen Brief an den Bürgermeister geschrieben!

O liebes Mäxchen, drum rat ich Dir: Wenn Du wieder einmal eine so heikle Angelegenheit in Angriff nimmst, wie es die politische Auseinandersetzung mit den in Deutschland lebenden Ausländern ist, dann erkundige Dich bitte vorher, ob das westdeutsche Strafgesetzbuch dies erlaubt! Wenn Du Dich politisch betätigen willst, dann wähle nicht den Gerichtssaal, sondern Örtlichkeiten, wo Du Mitbürger überzeugen kannst! Und wenn Du schon Geld für den politischen Kampf ausgeben willst, dann gib es nicht in Form von Geldbußen oder Gerichtskosten an den Staat, sondern in Form von Spenden an Dir nahestehende Personen oder Verbände!

Jurstische Fußangeln zum Stichwort „Ausländer in Deutschland"

Wer sich heutzutage in Deutschland mit den hier lebenden Ausländern politisch auseinandersetzt, gerät in Gefahr, wegen Aufstachelung zum Rassenhaß (§ 131 StGB), wegen Volksverhetzung (§ 130 StGB) oder Beleidigung (§ 185 StGB) bestraft zu werden.

Der Unterschied zwischen Rassenhetze und Volksverhetzung und Beleidigung besteht u. a. in folgendem: Bei der Rassenhetze und Volksverhetzung kommt es zum einen nicht darauf an, ob die Äußerung wahr ist oder nicht. Wegen Beleidigung wird dagegen in der Regel nicht bestraft, wenn die Äußerung wahr ist. Zum anderen muß die Staatsanwaltschaft das Strafverfahren wegen Volksverhetzung Rassenhetze und beginnen und weiterführen, ohne daß es eines Strafantrages bedarf. Bei der Beleidigung dagegen kommt es nur zu einer Verurteilung, wenn ein Strafantrag eines Beleidigten, z.B. eines Ausländers, vorliegt. Da ein solcher manchmal fehlt, kommt es dann zu einem Freispruch, auch wenn das Gericht an sich die Beleidigung bejaht. Allerdings sollte man sich nicht auf das Fehlen eines Strafantrages verlassen, weil man dies nicht vorhersehen und beeinflussen kann. Schließlich ist das Strafmaß bei der Rassenhetze und Volksverhetzung wesentlich höher als das bei der Beleidigung.

Wichtigste Voraussetzung für das Vorliegen einer Volksverhetzung ist der „Angriff auf die Menschenwürde" — in unserem Falle — der in Deutschland lebenden Ausländer.

Ein solcher Angriff liegt vor, wenn die Ausländer im Kern ihrer Persönlichkeit getroffen werden, indem sie als unterwertig dargestellt werden oder indem ihnen das Lebensrecht in der Gemeinschaft bestritten wird. In der Rechtsprechung ist dies bisher nur

20

bei der — daher strafbaren und im übrigen auch geschmacklosen — Forderung angenommen worden, die in Westdeutschland lebenden Ausländer z.B. zu vergasen (Urteil des OLG Celle vom 16.07.1970, Az. 1 Ss 114/70, in NJW 1970, 2257 f. und Urteil des OLG Hamburg vom 18.06.1980, Az. 1 Ss 37/80, in MDR 1981, 71).

Die Rechtsprechung hat es weiterhin auch als volksverhetzend und daher strafbar angesehen, wenn z.B. die Ehe zwischen einem Neger und einer weißen Frau als unästhetisch und pervers, und der Neger als abstoßend, brutal, primitiv, absolut kulturlos und unterentwickelt bezeichnet wurde (Urteil des OLG Hamburg vom 18.02.1975, Az. 2 Ss 299/74, in NJW 1975, 1088 f.).

Die Rechtsprechung hat es schließlich sogar als volksverhetzend und strafbar angesehen, wenn in einer Broschüre zum Thema

21

der Völkervermischung in Europa die Vermischung von Millionen „Fremdrassiger" mit dem deutschen Volk scharf abgelehnt und die baldmögliche Rückführung der Ausländer in deren Heimatländer gefordert wird (Urteil des LG Hagen vom 21.01.1983, StA-Az. 51, JS 977/80).

Voraussetzung für das Vorliegen einer Beleidigung ist die Kundgabe einer Mißachtung oder Nichtachtung — in unserem Falle — der in Deutschland lebenden Ausländer. Eine solche Nichtachtung liegt vor, wenn ihnen der ethische oder soziale Wert ganz oder teilweise abgesprochen und dadurch der grundsätzlich uneingeschränkte Achtungsanspruch verletzt oder gefährdet wird.

In der Rechtsprechung ist dies bisher z.B. bei der — daher beleidigenden und strafbaren — Zurückweisung von Ausländern, nur weil sie Ausländer sind, durch den Inhaber einer Gaststätte bzw. Diskothek bejaht worden (Urteil des BayObLG vom 07.03.1983, Az. RReg 2 St 140/82, in NJW 1983, 2040). Es liegt in einem solchen Falle aber keine Volksverhetzung vor (Urteil des OLG Frankfurt/Main vom 08.01.1985, Az. 5 Ss 286/84, in NJW 1985, 1721).

Die Rechtsprechung hat es schließlich z.B. auch als beleidigend und daher strafbar angesehen, wenn ein Briefkopf eine Deutschlandkarte mit dem Zusatz „Ein Herz für Deutschland" und dem weiteren Zusatz „Im Kampf für ein ausländerfreies Deutschland" zeigte (Urteil des AG Stuttgart vom 03.12.1986, Az. B 2 Ds 2490/86).

Die folgenden Äußerungen dagegen werden heutzutage durch die Rechtsprechung als nicht rassistisch, volksverhetzend oder beleidigend angesehen;

- „Ausländer raus!" (Urteil des BGH vom 14.03.1984, Az. 3 StR 36/84, in NStZ 1984, 310),

22

- „Türken raus!" (wie oben),

- „Statt Abtreibung in Deutschland - Kondome für die Dritte Welt" (BayOblg, Beschluß vom 22.03.1990, Az RReg 5 St 136/89, zu finden in NJW 1990, 2479 f.)

- „Türkische Banden haben sich mit linken Anarchisten und grünen Chaoten verbündet und prügeln sich mit verwahrlosten Deutschen und ausländischen Jugendlichen. Die Kriminalität der Türken ist weit überdurchschnittlich. Der Drogenhandel ist fest in orientalischer, meist türkischer Hand... Dabei ist es nur natürlich, daß Haß entsteht... Wir fordern: Die Rücksendung aller Gastarbeiter... (Beschluß des AG Ahrensburg vom 12.05.1988, Az. 702 Js 19649/86 - 6 Ls 23/87),

- „In vielen westdeutschen Instituten und Gewerkschaften sitzen heute ausländische Funktionäre, die die BRD als Einwanderungsland betrachten und die ihren Einfluß nur benutzen, um unseren westdeutschen Staat zum Vielvölkerstaat umzukrempeln" (Beschluß der StA Frankfurt/Main vom 12.08.1987, Az. 50 Js 2150/87).

- der Werbespot der Berliner Republikaner zum Wahlkampf 1989 in dem Ausländer in Berlin als „Übel" gezeigt wurden und dazu die Filmmusik „Spiel mir das Lied vom Tod" gespielt wurde (VG Berlin, Beschluß vom 18.01.1989, Az 1 A 13/89, zu finden in NJW 1990, 402 f.)

Mäxchen und die Juden

Mäxchen Treuherz ist völlig aufgewühlt. Er hat ein Heft gelesen mit dem Titel „Dunkle Mächte im Hintergrund", und nun meint er, genau zu wissen, wer die eigentlichen Drahtzieher in der Weltgeschichte sind. Von einer Verschwörung der Geld und Börsenleute, von Anzettelungen von Weltkriegen, Morden und dem Streben nach der Weltherrschaft ist da die Rede. Und in Mäxchens Kopf brodelt es von den Dingen, die er da über die Kommunisten, die Freimaurer, die Jesuiten, die Juden und andere Leute gelesen hat. Sein ganzes bisheriges Denken wird ziemlich auf den Kopf gestellt. Da plötzlich stutzt Mäxchen. Siedendheiß fällt es ihm ein: Der bisherige Bürgermeister seiner Stadt namens Dr. Rosenbaum, der gerade jetzt wieder für dieses Amt kandidiert und auch der aussichtsreichste aller Bewerber ist, hat sich neulich dazu bekannt, aus einem jüdischen Elternhaus zu stammen. „Mann, o Mann", stöhnt Mäxchen und fühlt sich schon fast umzingelt, „da haben wir es ja schon, –es ist genau so, wie es in dem Heft steht!" Mäxchen beschließt, seinen Mitbürgern die Augen zu öffnen. Aber wie?

Nach ein paar unruhigen Nächten kommt Mäxchen am Montag Morgen beim Rasieren der rettende Einfall. Er setzt ihn gleich nach Arbeitsschluß in die Tat um und malt auf viele selbstklebende Papierstreifen das Wort „Juden". Als er damit fertig geworden ist, schlägt es von der nahen Kirchturmuhr Mitternacht. Mäxchen zieht seine warme Jacke an und schleicht sich dann zu den Wahlplakaten Dr. Rosenbaums, auf denen man auch in der dunklen Nacht die leuchtend gelbe Schrift lesen kann: „Unsere Stadt wählt ihren Bürgermeister Dr. Rosenbaum!". Mäxchen klebt nun seine vorbereiteten Papierstreifen sorgfältig über das Wort „Bürgermeister", so daß die Plakate nun durch die Nacht rufen: „Unsere Stadt wählt

24

ihren Juden Dr. Rosenbaum!" Mäxchen reibt sich schmunzelnd die Hände und denkt: „Das wird den Bürgern endlich die Augen öffnen! Die Wahrheit läßt sich nicht unterdrücken und wird ihre Wirkung zeigen!"

Doch zu Mäxchens Schrecken zeigt sich eine ganz andere Wirkung. Denn plötzlich tippt ihm jemand an die Schulter und fordert ihn barsch auf, seine Personalien zu nennen. Vor Mäxchen steht ein Polizist, der sich auf seiner nächtlichen Streifenfahrt befindet und Mäxchen schon eine ganze Weile beobachtet hat. Nun erstattet er Strafanzeige gegen Mäxchen wegen Volksverhetzung und zieht alle Papierstreifen von den Wahlplakaten ab, ohne daß auch nur ein einziger Bürger Mäxchens Parole hat lesen können. In der Gerichtsverhandlung sitzt Mäxchen dieses Mal bewaffnet mit dem Strafgesetzbuch, denn er hat ja nun allmählich gelernt, daß mit der Justiz nicht zu spaßen ist. Er liest den Volksverhetzungs-Paragraphen aufmerksam durch und ist sich sicher, zwei gute Argumente zur Verfügung zu haben, die unbedingt zu einem Freispruch führen müssen. Mäxchen sagt als erstes zu seiner Verteidigung: „Es liegt gar kein Angriff auf die Menschenwürde der Juden vor. Ich habe doch nur die Wahrheit über Dr. Rosenbaum verbreitet, die er selbst öffentlich bekanntgegeben hat! Er ist doch Jude!" Doch Staatsanwalt Nidung zischt mit gespitzten Lippen in den Saal: „Der objektive Sinn der Änderung der Wahlplakate ist es gewesen, dem jüdischen Wahlbewerber Dr. Rosenbaum die Eignung für das Amt ohne Rücksicht auf seine Persönlichkeit und seine fachliche Befähigung allein seiner rassischen Zugehörigkeit wegen abzusprechen. Der Angeklagte hat an antisemitische Ressentiments appellieren wollen. Im übrigen ist auch hier zu berücksichtigen, daß es dieselbe Forderung auf Ausschluß der jüdischen Bürger vom öffentlichen Leben war, welche die Judenverfolgung im nationalsozialistischen

Staat mit dem schließlichen Ende der Vernichtung von Millionen von Menschen einleitete, –das sagt auch der Bundesgerichtshof." Da führt Mäxchen sein zweites Argument ins Feld im Bewußtsein, daß ihm nun der Freispruch sicher ist: „Der öffentliche Frieden war nicht gestört, weil kein Mensch und insbesondere kein Jude die Wahlplakate mit ihrer Aufschrift gelesen hat. Der Polizist hat ja alles sofort entfernt!" Doch Staatsanwalt Nidung lächelt nur genüßlich und sagt triumphierend: „§ 130 StGB ist ein potentielles Gefährdungsdelikt . Eine tatsächliche Störung des Friedens ist nicht erforderlich. Es kommt nicht darauf an, ob Fußgänger in der Nacht die Wahlparolen gelesen haben oder nicht. Es genügt, wenn die Juden in ihrem Gefühl der Rechtssicherheit erschüttert werden, und das ist hier der Fall. Ich verweise auf das Urteil des Oberlandesgerichtes Koblenz. . ." Und so ergeht ein Urteil gegen Mäxchen, und sein Sündenregister ist wieder etwas länger geworden.

O liebes Mäxchen, drum rat' ich Dir. . ., doch lieber schweig' ich hier!

Juristische Fußangeln zum Stichwort „Juden in Deutschland"

In der politischen Auseinandersetzung ist heutzutage in Deutschland ganz besondere Vorsicht geboten, wenn es um die hier lebenden Juden geht. Die Strafverfolgungsbehörden und die Gerichte kommen zu sehr strengen Verurteilungen wegen Volksverhetzung (§ 130 StGB), Aufstachelung zum Rassenhaß (§ 131 StGB) oder Beleidigung (§ 185 StGB).

Zu den Juden zählt die Rechtsprechung dabei nicht nur die sogenannten „Volljuden", also Juden, deren beide Elternteile Juden waren, sondern alle diejenigen, die nach den Nürnberger Rassegesetzen von 1935 zu den Juden gezählt wurden. Dazu gehören auch die sogenannten „Mischlinge 1. und 2. Grades", d.h. diejenigen, die einen oder mehrere jüdische Großelternteile besitzen (BGH, Urteil vom 18.09.1979, Az. VI ZR 140/78, zu finden in NJW 1980, 45 f.).

Zu den Voraussetzungen und Unterschieden zwischen den Straftatbeständen der Volksverhetzung einerseits und der Beleidigung andererseits sei auf die obigen Ausführungen zum Stichwort „Ausländer in Deutschland" verwiesen. Hinsichtlich der in Deutschland lebenden Juden hat die Rechtsprechung u.a. folgende Urteile gefällt:

Als Volksverhetzung und daher als strafbar wurden z.B. die folgenden Äußerungen und Handlungen angesehen, solche Äußerungen und Handlungen sind also zu unterlassen:

- Die Behauptung, eine kleine Gruppe von hauptsächlich jüdischen Großbankiers habe das Finanzwesen der USA in die Hand bekommen, Weltwirtschaftskrisen und Weltkriege heraufbeschworen, um die USA und alle Völker der Welt zu versklaven (BGH, Urteil vom 21.04.1961, Az. 3 StR 55/60, zu finden in BGHSt 16, 49 ff.),

- die Behauptung, die Juden handelten verwerflich und verächtlich, weil sich ihre Auserwähltheit auf List und Betrug gründe, weil sie für die Vernichtung anderer Völker beteten, und weil sie sich nicht an Versprechungen und Eide hielten (BGH, Urteil vom 12.12.1961 , Az. 3. StR 35/61, zu finden in BGHSt 17, 28 ff.),

- das Bekleben eines Wahlplakates mit dem Text „Hamburg wählt seinen Bürgermeister Dr. W..." mit dem Wort „Juden", so daß das Wahlplakat dann lautete: „Hamburg wählt seinen Juden Dr. W..." (BGH, Urteil vom 15.11.1967, Az. 3 StR 4/67, zu finden in BGHSt 21, 371 ff.),

- die Zusendung eines — später nicht veröffentlichten — Leserbriefes an eine Zeitung mit dem Inhalt, daß nur ein toter Jude ein guter Jude sei (BGH, Urteil vom 20.06.1979, Az. 3. StR 131/79 (S), zu finden in BGHSt 29, 26 ff.),

- die mit Hakenkreuzen versehene Aufschrift, Juda solle „verrecken", ohne daß irgendjemand diese Parole gelesen hat (OLG Koblenz, Urteil 11.11.1979, Az. 1 Ss 524/76, zu finden in MDR 1977, 334 f.) ,

- die Rechtsprechung hat es als Beleidigung und daher als strafbar angesehen, wenn jemand die Juden mit Läusen verglichen hat. (BGH, Beschluß vom 28.02.1958, Az. 1 StR 387/57, zu finden in BGHSt 11, 207 ff.).

Die Rechtsprechung hat dagegen Äußerungen als straflos angesehen,

- die sich ausschließlich gegen den Staat Israel und nicht gegen das „Weltjudentum" und damit nicht gegen die jüdische Bevölkerung in Deutschland richten (OLG Hamburg, Urteil vom 28.04.1970, Az. 2. Ss 41/70, zu finden in NJW 1970, 1649 f.),

- oder die sich ausschließlich gegen die Zionisten richten (LG Essen, Beschluß vom 31.08.1981, Az. 25 Qs 31/81 - 6 Ls 29 Js 16/81).

Lieber Leser, wir raten Ihnen daher dringend, Leserbriefe, Flugblätter, Broschüren und Bücher, die Sie verfaßt haben oder verteilen wollen, und die sich mit den Juden befassen, vorher von einem vertrauenswürdigen Rechtsanwalt überprüfen zu lassen. Und seien Sie äußerst vorsichtig mit Äußerungen gegen Juden!

Mäxchen und die Judenvernichtung

Mäxchen Treuherz ist wieder einmal mit dem Strafgesetzbuch in Konflikt geraten. Er hat eine Zeitung weitergegeben, in der unter anderem ein Beitrag abgedruckt war, in dem die Judenvernichtung im Dritten Reich geleugnet wird. Staatsanwalt Nidung hatte Mäxchen daher wegen Beleidigung angeklagt. Mäxchen sitzt also wieder einmal auf der Anklagebank. Dieses Mal kennt er sich mit den Gepflogenheiten des Strafverfahrens schon etwas besser aus, und er hat sich nicht nur das Grundgesetz, sondern auch das Strafgesetzbuch und die Strafprozeßordnung gekauft und blättert eifrig darin herum. „Ich berufe mich auf die Meinungs- und die Wissenschaftsfreiheit", sagt Mäxchen, „der Aufsatz ist von einem Professor verfaßt worden, und jeder darf doch seine eigene Meinung äußern!" Doch Staatsanwalt Nidung schüttelt nur den Kopf, blättert in seinen Unterlagen und sagt: „Niemand kann sich für Äußerungen, mit denen er die historische Tatsache des Judenmordes im Dritten Reich leugnet, auf die Gewährleistung der Meinungsfreiheit oder der Wissenschaftsfreiheit berufen. Denn es hat niemand ein geschütztes Interesse daran, unwahre Behauptungen aufzustellen. Außerdem sind die Dokumente über die Vernichtung von Millionen Juden erdrückend, — das alles sagt der Bundesgerichtshof, und das ist die einhellige und ständige Rechtsprechung." Und dann rattert Staatsanwalt Nidung eine Menge Buchstaben und Zahlen herunter, und Mäxchen versteht überhaupt nichts mehr.

Der Richter aber nickt und sagt: „Herr Staatsanwalt, Sie haben die Rechtsprechung sehr richtig zitiert. Es fehlt nur noch das neueste Urteil des ...", und dann folgen erneut irgendwelche — für Mäxchen höchst geheimnisvolle — Buchstaben und Zahlen.

Da ruft Mäxchen verzweifelt: „Aber ich kann den Wahrheitsbeweis antreten! Ich beantrage, daß geladen werden die Zeugen Meier und Schulze, ehemalige Häftlinge von Konzentrationslagern, und die Sachverständigen Professor Doktor Huber und Ingenieur Müller, die aussagen können, daß . . . " Doch bevor Mäxchen seine Ausführungen beenden kann, schüttelt Staatsanwalt Nidung nur den Kopf und sagt: „Diese Beweisanträge sind unzulässig, weil die Erhebung dieser Beweise wegen Offenkundigkeit überflüssig ist, bzw. weil das Gericht selbst die erforderliche Sachkunde besitzt. Es ist gerichtsbekannt, daß Millionen Juden im Dritten Reich vernichtet worden sind. Die Dokumente hierüber sind erdrückend, das sagt auch der Bundesgerichtshof. Beweise zu dieser geschichtlich feststehenden Tatsache dürfen nicht erhoben werden!" Und nach kurzer Beratung verkündet das Gericht die Ablehnung der Beweisanträge unter Berufung auf § 244 StPO und den Bundesgerichtshof.

Da greift Mäxchen nach dem letzten Rettungsanker und stößt hervor: „Ich kann aber gar nicht verurteilt werden wegen Beleidigung, weil kein Strafantrag gestellt worden ist," und stolz fügt Mäxchen hinzu: „Das steht in § 194 StGB!" Doch Staatsanwalt Nidung schüttelt wieder den Kopf und sagt: „Das Vorliegen eines Stafantrages ist in diesem Falle überflüssig. Es greift hier die Ausnahmebestimmung des § 194 Abs. I Satz 2 StGB ein, wonach eine Beleidigung auch ohne Strafantrag und von Amts wegen verfolgt werden darf, wenn die Tat durch Verbreiten einer Schrift begangen worden ist und wenn die Beleidigung mit der Verfolgung der Opfer der nationalsozialistischen Gewalt- und Willkürherrschaft zusammenhängt."

Da kann Mäxchen nur noch verstummen und wortlos das Urteil über sich ergehen lassen. Er erhält eine saftige Geldstrafe, und sein

Strafregister ist wieder etwas länger geworden.

O liebes Mäxchen, drum rat' ich Dir . . ., doch lieber schweig ich hier!

Juristische Fußangeln zum Stichwort „Das Leugnen der Judenvernichtung"

Trotz grundgesetzlich verbürgter Meinungs- und Wissenschaftsfreiheit ist die Beschäftigung mit politischen oder geschichtlichen Themen nicht immer ungefährlich. Ganz besondere Vorsicht ist jedoch geboten, wenn sich jemand heutzutage in Deutschland über die Vernichtung der Juden im Dritten Reich äußern will. Eine Bestrafung wegen Volksverhetzung (§ 130 StGB) oder Aufstachelung zu Rassenhaß (§ 131 StGB) oder Beleidigung (§ 185 StGB) ist hier sehr leicht möglich.

Im einzelnen hat die Rechtsprechung zur Frage der Strafbarkeit des Leugnens der Judenvernichtung im Dritten Reich folgendes festgestellt:

Volksverhetzung und Aufstachelung zum Rassenhaß begeht, wer die Judenvernichtung im Dritten Reich leugnet und zusätzlich dies mit einer politischen und finanziellen Ausbeutung des deutschen Volkes zugunsten der Juden und des Staates Israel in Zusammenhang bringt (Urteil des Bundesgerichthofes vom 14.01.1981, Az. 3 StR 440/80 (S), zu finden in NStZ 1981, 258 und Urteil des Bundesgerichtshofes vom 26.01.1983, Az. 3 StR 414/82 (S), zu finden in BGHSt 31, 226ff. und Urteil des OLG Hamm vom 03.02 .1981, Az. 6 Ss 1505/80, zu finden in NStZ 1981, 262).

Volksverhetzung und Aufstachelung zum Rassenhaß begeht auch, wer die Judenvernichtung im Dritten Reich leugnet und zusätzlich zu einer diesbezüglichen Geschichtsrevision aufruft (Urteil des OLG Köln vom 28.10.1980, Az. 1 Ss 650-651/80, zu finden in NJW 1981, 1280 f.).

Volksverhetzung begeht schließlich, wer die Judenvernichtung im Dritten Reich leugnet und zusätzlich den Juden die Fähigkeit ab-

33

spricht, als Lehrer für deutsche Kinder tätig zu sein (Urteil des OLG Schleswig vom
14.12.1977, Az. 1 Ss 706/77, zu
finden in MDR 1978, 333).

Lediglich eine Beleidigung begeht, wer die Judenvernichtung
im Dritten Reich schlicht und
ohne Zusätze leugnet (Urteil
des Bundesgerichtshofes vom
18.09.1979, Az. VI ZR 140/78,
zu finden in NJW 1980, 45
ff.). Eine Volksverhetzung liegt
in diesem Falle nicht vor (Beschluß des OLG Celle vom
17.02.1982, Az. 1 Ss 616/81, zu
finden in NJW 1982, 1545 f.).
Eine Beleidigung begeht auch,
wer die Judenvernichtung im
Dritten Reich beschönigt, indem er äußert, daß die Deutschen Deutschland nach dem

Krieg alleine aufbauen könnten und hierzu die Juden nicht brauch-
ten (Urteil des Bundesgerichtshofes vom 08.05.1952, Az. 5 StR
182/52, zu finden in NJW 1952, 1183 f.)

Das Landgericht Göttingen hat es dagegen als nicht beleidigend und daher als straflos angesehen, wenn nur die Zahl der
sechs Millionen im Dritten Reich umgekommener Juden bestritten wird, nicht aber die Judenvernichtung als solche (Beschluß des
LG Göttingen vom 21.04.1989, Az. 12 Qs 73/89). Es sei aber aus-

drücklich darauf hingewiesen, daß es sich bei dieser Entscheidung nur um die eines Landgerichtes, also nicht um die eines Obergerichtes — etwa des Bundesgerichtshofes oder eines Oberlandesgerichtes — handelt. Es kann daher an dieser Stelle nichts Verbindliches darüber gesagt werden, ob diese Entscheidung von allen anderen Gerichten auch so gefällt würde.

Die Rechtsprechung stellt i. ü. ausdrücklich fest, daß diejenigen, die die Judenvernichtung im Dritten Reich leugnen, sich weder auf die Meinungsfreiheit des Art. 5 I 1 GG, noch auf die Pressefreiheit des Art. 5 I 2 GG, noch auf die Wissenschaftsfreiheit des Art. 5 III 1 GG noch auf das sogenannte „Berichterstatterprivileg" des § 131 III StGB berufen können.

Lieber Leser, wir raten Ihnen daher dringend, Leserbriefe, Flugblätter, Broschüren, Bücher u.ä. zu diesem Thema, die Sie verfaßt haben oder verteilen oder weitergeben wollen, vorher von einem vertrauenswürdigen Rechtsanwalt überprüfen zu lassen.

Mäxchen und die „Widerstandskämpfer"

Es ist Abend. Erschöpft von des Tages Last und Mühen, sitzt Mäxchen Treuherz in seinem großen Ohrensessel, trinkt genüßlich sein Glas Bier und schaut Fernsehen. Als verantwortungsbewußter Bürger führt er sich natürlich nicht den Spielfilm im zweiten Programm zu Gemüte, sondern sieht sich im ersten Programm die Diskussionsrunde anläßlich des Jahrestages des Ausbruches des Zweiten Weltkrieges an. Dort treten ein Zeitzeuge, ein Geschichtsprofessor, ein Zeitungsschreiber und Politiker verschiedener Parteien auf. Da wird vieles mit gerunzelter Stirn, ernstem Gesicht und erhobenem Zeigefinger gesprochen, die Mattscheibe flimmert nur so vor Moral, Rechtschaffenheit und Selbstgerechtigkeit. Die Rede ist da vom „dunkelsten Kapitel der deutschen Geschichte", von „den verbrecherischen Taten des deutschen Volkes" und von „der Schuld und der gerechten Sühne und der Strafe, die wir zu tragen haben". Angesichts dieser geballten Ladung an Vergangenheitsbewältigung wird es Mäxchen etwas unbehaglich zumute, und er findet die Sendung im Fernsehen doch reichlich einseitig und übertrieben. „Wer hat denn den Krieg provoziert? Haben die Herren noch nie etwas vom Bromberger Blutsonntag gehört? Oder von den Kriegsverbrechen der Alliierten? Von der Bombardierung Dresdens zum Beispiel?" brummelt Mäxchen unzufrieden. In seinen aufsteigenden Ärger hinein platzt der mit tränenerstickter Stimme hervorgepreßte Aufschrei des Abgeordneten der „Buntkarierten": „Und ich sage Ihnen, alle deutschen Kriegsteilnehmer sind schuldig, sie sind alle Kriegsverbrecher, sie sind alle Faschisten und Mörder oder Helfershelfer der Mörder!"

Das ist zuviel für Mäxchen. Sein Vater war selbst als Soldat im Krieg, und dieser junge Kerl da wagt es jetzt, die Kriegsteilnehmer und damit auch Mäxchens Familie zu beleidigen? Mäxchens Blut kommt in Wallung, und er kann vor Ärger die ganze Nacht nicht schlafen. Erst gegen Morgen kommt ihm eine Erleuchtung, und er springt mit neuer Energie aus dem Bett: „Ich hab's! Ich erstatte Strafanzeige!" Und dann nimmt Mäxchen sein bestes Briefpapier und schreibt einen langen Brief an Staatsanwalt Nidung. Mäxchen vergißt auch nicht, als Sohn eines ehemaligen Kriegsteilnehmers und damit Betoffener Strafantrag zu stellen. „Gerechtigkeit, nimm Deinen Lauf!" denkt Mäxchen und steckt den Brief voller Rachegefühle in den Briefkasten.

Staatsanwalt Nidung läßt das Strafverfahen auch seinen Lauf nehmen, — allerdings geschieht dies etwas anders, als Mäxchen es sich vorgestellt hat. Der Staatsanwalt nämlich liest Mäxchens Brief, blättert in seinen Gesetzeskommentaren, lächelt dann höhnisch und diktiert schließlich den folgenden Brief: „Sehr geehrter Herr Treuherz! Das obige Ermittlungsverfahren ist gemäß § 170 II StPO eingestellt worden. Die Kriegsteilnehmer bilden keine iSd. § 185 StGB beleidigungsfähige Personenmehrheit, weil sie nicht so deutlich aus der Allgemeinheit hervortreten, daß der Kreis der beteiligten Einzelpersonen scharf umgrenzt ist. Mit freundlichen Grüßen - gez. Nidung, Staatsanwalt."

Mäxchen ist über diesen Brief empört. „Das ist doch Haarspalterei!" Und vor Ärger kann er eine weitere Nacht nicht schlafen. Doch am nächsten Morgen ist er grimmig entschlossen, dieser Niederlage eine befreiende Tat folgen zu lassen. „Wenn Personenmehrheiten schon nicht beleidigungsfähig sind, dann kann ich ja schön loslegen", denkt Mäxchen und schreibt wieder einen langen Brief, dieses Mal an den Abgeordneten der „Buntkarierten", der die deutschen Kriegsteilnehmer als Mörder bezeichnet hatte. Lang und breit schildert Mäxchen die Erlebnisse seines Vaters im Krieg und geht dann

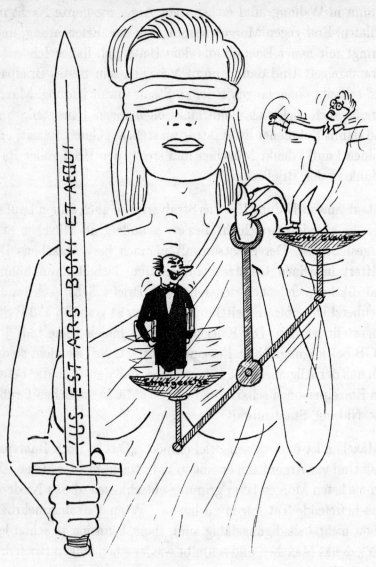

(Das Recht ist die Kunst des Guten und Gleichen)

zum Angriff über. Er äußert sich zur Kriegsschuldfrage, zählt Kriegsverbrechen der Alliierten auf und beendet seine Ausführungen mit einigen deutlichen Aussagen über die Widerstandskämpfer des 20. Juli 1944. „Wenn da irgendwo eine Beleidigung drinsteckt, kann mir nichts passieren", denkt Mäxchen rachsüchtig, "denn" hihihi „Personenmehrheiten sind ja nicht beleidigungsfähig ... "

Doch Mäxchens Gerechtigkeitsempfinden erleidet einen weiteren empfindlichen Stoß. Denn der Abgeordnete der „Buntkarierten" sendet Mäxchens Brief an Staatsanwalt Nidung, dieser erhebt Anklage, und Mäxchen wird wegen Beleidigung verurteilt. „Die Widerstandskämpfer sind eine beleidigungsfähige Gruppe, weil sie hinreichend fest umrissen sind... Wer heute die Widerstandskämpfer gegen den Nationalsozialismus „Landesverräter" oder „Vaterlandsverräter" nennt, kann das nicht im Sinne einer Tatsachenbehauptung meinen, sondern nur als kränkendes Werturteil... " heißt es in dem Urteil gegen Mäxchen. Der versteht die Welt nicht und findet in der Nacht nun gar keinen Schlaf mehr: Wieso dürfen die deutschen Kriegsteilnehmer des Zweiten Weltkrieges ungestraft beleidigt werden, die Widerstandskämpfer aber nicht? Wo bleibt da die Gleichbehandlung und die Gerechtigkeit?

O liebes Mäxchen, drum rat' ich Dir: Beachte, daß die Juristen, insbesondere in politischen Dingen, sehr spitzfindige Leute sind! Bedenke, daß der Grat zwischen Strafbarkeit und Straflosigkeit äußerst schmal ist, und daß es für einen Laien oft nicht erkennbar ist, wo hier die Grenze verläuft! Drum erkundige Dich bei einem Rechtsanwalt, ob der Inhalt Deiner Briefe strafbar ist oder nicht, und zwar bevor Du die Briefe absendest!

Juristische Fußangeln zum Stichwort „Die Kollektivbeleidigung"

Juristen genießen im Volksmund den wenig schmeichelhaften Ruf, spitzfindig zu sein und Haarspalterei zu betreiben. An diesem Vorwurf ist sicherlich vieles richtig, besonders wenn man die Rechtsprechung betrachtet, die zu Vorfällen mit politischem Hintergrund ergangen ist. Ein Beispiel hierfür sind die Urteile, die zur sogenannten „Kollektivbeleidigung", zu den Straftatbeständen der Volksverhetzung (§ 130 StGB) und der Beleidigung (§ 185 StGB) erlassen worden sind. Hierfür gilt folgendes:

Das Opfer einer Volksverhetzung bzw. einer Beleidigung ist ein „Teil der Bevölkerung" oder ein „Anderer". Ein solcher „Anderer" kann ein einziger Mensch sein, wenn z.B. gesagt wird „Herr Maier ist ein Schwein". In diesem Falle ist Herr Maier der „Andere", das Opfer der Beleidigung.

Ein „Anderer" kann aber auch eine Mehrheit von Menschen, ein Kollektiv, sein, wenn z.B. gesagt wird : „Die X-Partei betreibt eine verräterische Politik", oder „Die Patentanwälte sind alle Schweine": Solche Personenmehrheiten oder Kollektive sind nur dann „Andere" und damit beleidigungsfähig, wenn sie entweder einen verhältnismäßig kleinen, überschaubaren, deutlich umgrenzten und aus der Allgemeinheit hervortretenden Kreis von Menschen bilden, oder wenn es sich um eine Personengemeinschaft handelt, die eine rechtlich anerkannte, gesellschaftliche Aufgabe erfüllt und einen einheitlichen Willen bilden kann. In der Rechtsprechung wurden seit dem Kriegsende u.a. folgende Mehrheiten von Menschen als „Teile der Bevölkerung" iSd. § 130 StGB bzw. als „beleidigungsfähig" iSd. § 185 StGB angesehen, — volksverhetzende und ehrkränkende Äußerungen gegen sie waren also strafbar:

- die Widerstandskämpfer gegen den Nationalsozialismus (BGH, Urteil vom 08.05.1952, Az. 5 StR 182/52, in NJW 1952, 1183 f.),

- die Juden, die in Deutschland leben, (BGH, Urteil vom 28.02.1958, Az. 1 StR 387/57, in BGHSt 11, 207),

- die Fraktionsmitglieder einer Partei einer Stadt (BGH, Urteil vom 08.12.1959, Az. 2 StR 486/59, in BGHSt 14, 48),

- die bayerischen Minister (BGH, Urteil vom 18.02.1964, Az. 1 StR 572/63, in BGHSt 19, 235),

- die Gewerkschaften, entschieden wurde über die Postgewerkschaft - (BGH, Urteil vom 18.05.1971, Az. VI ZR 220/69, in NJW 1971, 1655),

- die spanischen Gastarbeiter, die in Deutschland leben (OLG Celle, Urteil vom 16.07.1970, Az. 1 Ss 114/70, in NJW 1970, 2257 f.),

- die Neger, die in Deutschland leben (OLG Hamburg, Urteil vom 18.02.1975, Az. 2 Ss 299/74, in NJW 1975, 1088 f.),

- eine bestimmte Bank (OLG Köln, Urteil vom 20.02.1979, Az. 1 Ss 69/79, in NJW 1979, 1723),

- eine bestimmte Partei, entschieden wurde über einen Unterbezirk der SPD (OLG Düsseldorf, Urteil vom 08.03.1979, Az. 5 Ss 5/79 I, in MDR 1979, 692),

- die Ausländer, die in Deutschland leben (OLG Hamburg, Urteil vom 18.06.1980, Az. 1 Ss 37/80, in MDR 1981, 71),

- die GSG 9 (Grenzschutztruppe 9 des Bundesgrenzschutzes) (OLG Hamm, Urteil vom 24.09.1980, Az. 4 Ss 1410/80, in MDR 1981, 336),

41

- die aktiven Soldaten und die Reservisten der Bundeswehr (BGH, Urteil vom 19.01.1989, Az.1 StR 641/88, zu finden in NJW 1989, 1365 ff., und OLG Frankfurt a.M., Urteil vom 02.12.1988, Az. 1 Ss 27/88, zu finden in NJW 1989, 665 ff.
und BayObLg, Urteil vom 16.11.1990, Az RReg 1 St 228/89, zu finden in NJW 1991, 1493.),

- die Bundeswehr (siehe oben OLG Frankfurt a.M.)

In der Rechtsprechung wurden folgende Mehrheiten von Menschen jedoch nicht als „beleidigungsfähig" bzw. als „Teile der Bevölkerung" angesehen, — volksverhetzende und ehrkränkende Äußerungen gegen sie sind also straflos:

- die aktiv an der Entnazifizierung Beteiligten (BGH, Urteil vom 23.11.1951, Az. 2 StR 612/51, in NJW 1952, 392),

- die Akademiker in Deutschland (BGH, Urteil vom 28.02.1958, Az. 1 StR 387/57, in BGHSt 11, 207, 209),

- die Katholiken in Deutschland (siehe Akademiker)

- die Protestanten in Deutschland (siehe Akademiker)

- die ehemaligen Soldaten der Bundeswehr (BGH, Urteil vom 19.01.1989, Az. 1 StR 641/88, zu finden in NJW 1989, 1365 ff.)

- die „Dritte Welt" (BayObLg, Beschluß vom 22.03.1990, Az RReg 5 St 136/89, zu finden in NJW 1990, 2479 f.)

- die Richter eines bestimmten Gerichts, zu entscheiden war über die Richter des Kriminalgerichts in Moabit, (KG, Urteil vom 30.03.1978, Az. (2) Ss 54/78 (13/78), in JR 1978, 422),

- die Frauen in Deutschland (LG Hamburg, Urteil vom 26.07.1978, Az. 74 0 235/78, in NJW 1980, 56),

- die Zionisten (LG Essen, Urteil vom 31.08.1981, Az. 25 Qs 31/81),

- die Christen in Deutschland (LG Köln, Beschluß vom 29.04.1982, Az. 105 Qs 109 und 117/82, in MDR 1982, 771).

Selbstverständlich sind auch die in Westdeutschland lebenden Deutschen keine beleidigungsfähige Gruppe bzw. kein Teil der Bevölkerung, und sicherlich ist dies auch bei den Kriegsteilnehmern des Zweiten Weltkrieges und bei den Vertriebenen nicht der Fall. Streitig ist es im übrigen in der Rechtsprechung, ob die Polizei eine beleidigungsfähige Gruppe ist oder nicht. Teilweise wurde dies bejaht (OLG Frankfurt a.M., Beschluß vom 23.11.1976, Az. 2 Ss 549/76, in NJW 1977, 1353 und OLG Düsseldorf, Urteil vom 30.04.1981, Az. 5 Ss 142/81 I, in MDR 1981, 868), teilweise jedoch verneint (OLG Düsseldorf, Urteil vom 14.05.1980, Az 2 Ss 129/80 - 77/80 III, in NJW 1981, 1522, und BayObLG, Urteil vom 22.12.1989, Az RReg 1 St 193/89, zu finden in NJW 1990, 1742 u.a.). Nur am Rande sei noch folgendes erwähnt: Wegen Beleidigung kommt es nur dann zu einer Verurteilung, wenn der Beleidigte gemäß § 194 I StGB einen Strafantrag stellt. Fehlt dieser, kommt es zu einem Freispruch, auch wenn tatsächlich eine Beleidigung vorliegt. Man sollte sich aber nicht auf das Fehlen eines Strafantrages verlassen, weil dies nicht vorherzusehen oder zu beeinflussen ist.

Im übrigen machen die einzige Ausnahme von diesem Grundsatz die Beleidigungen, die gegen Angehörige einer Gruppe verübt werden, die „unter der nationalsozialistischen oder einer anderen Gewalt- und Willkürherrschaft verfolgt wurden". Gemeint sind hier insbesondere die Juden. Bei Beleidigungen gegen sie ist also das Vorliegen eines Strafantrages nicht erforderlich, auch ohne einen solchen kommt es zu einem Strafverfahren und einer Verurteilung.

Mäxchen und die Plakate

Mäxchen Treuherz ärgert sich wieder einmal gewaltig. Die ganze Stadt steht voller Stellschilder des Vereins „Gegen Rassismus und Faschismus e.V.", auf denen in großen Buchstaben „Ausländer rein!" zu lesen ist. „Dagegen muß man doch etwas tun", denkt Mäxchen, und ihm fällt ein, daß in seinem Keller schöne Plakate mit der Aufschrift „Ausländer raus!" liegen. Doch dann kratzt sich Mäxchen nachdenklich am Kopf, denn er hat ja schon so seine Erfahrungen mit der Justiz gemacht... Ob es wohl erlaubt ist, zu plakatieren?

Der Zufall will es, daß Mäxchen im Radio eine Abendsendung zum Thema „Die Liberalisierung im Strafrecht" hört. Von der „Post-Verteilerkasten-Entscheidung" des Bundesgerichtshofes aus dem Jahre 1979 ist da unter anderem die Rede, und daß heutzutage „wildes Plakatieren" nicht mehr von vornherein strafbar ist. „Gewonnen!" ruft Mäxchen begeistert aus, „Plakatieren auf Verteilerkästen der Post ist erlaubt"! Er macht sich sofort an die Vorbereitungen seines Einsatzes. Er holt den großen Eimer und füllt ihn mit Tapetenkleister der Marke „Super-Fix-Plus". Dann zieht er sich seine älteste Hose an, damit er ohne Rücksicht auf Kleckse und Flecke kleistern kann. Die Handschuhe läßt er zuhause, denn die sind ihm zu umständlich. Bepackt mit Plakaten, Eimer und breitem Pinsel begibt er sich dann zum Marktplatz. Mittlerweile ist es dunkle Nacht geworden. Alles ist menschenleer. Im Bewußtsein der Straflosigkeit seines Tuns und fröhlich vor sich hinpfeifend, beginnt Mäxchen nun, einen grauen Verteilerkasten der Post nach dem anderen zu bekleben. Zuerst ist das etwas schwierig, und Pinsel, Plakate und Kleister wollen nicht immer so, wie Mäxchen es will. Doch allmählich kommt Mäxchen in Übung, und nach einer

Weile sind alle Verteilerkästen beklebt. „Ausländer raus!" leuchtet es da und dort durch die Nacht. Mäxchen ist begeistert. Da er noch eine Menge Plakate übrig hat, beschließt er, auch die Stellschilder des Vereins „Gegen Rassismus und Faschismus e.V." zu überkleben. „Hieß es nicht im Radio, daß heutzutage wildes Plakatieren erlaubt ist?" denkt Mäxchen und arbeitet wie besessen. Hemd und Hose sind mit Kleister vollgespritzt, die Hände mit Kleister beschmiert, aber das stört Mäxchen nicht. Denn in der ganzen Stadt heißt es nun „Ausländer raus!" Endlich sind alle Plakate aufgebraucht. Mäxchen ist so aufgekratzt, daß er noch keine Lust hat, nach Hause zu gehen. Und so prüft er noch da und dort, ob seine Plakate gut kleben. Befriedigt kann er feststellen, daß der Tapetenleim „Super-Fix-Plus" seinem Namen alle Ehre macht. „Um diese Plakate abzureißen, muß man bestimmt zwei volle Stunden mit Spezialreiniger arbeiten," denkt Mäxchen stolz.

Da hört er plötzlich Schritte hinter sich. Drei späte Besucher des Ratskellers sind es, die da heimwärts schlendern. Im Bewußtsein der Straflosigkeit seines Tuns aber kümmert sich Mäxchen nicht um sie und prüft weiter die Festigkeit seiner Plakate. Es beunruhigt ihn auch nicht, als er sieht und hört, wie die drei nächtlichen Wanderer vor einem seiner Plakate wie angewurzelt stehenbleiben, heftige Bewegungen machen und wütende Bemerkungen von sich geben. Mäxchen wird es erst ungemütlich, als eine der drei Gestalten auf ihn zurennt und mit funkelnden Augen und bebenden Lippen schreit: „Halt, stehenbleiben! Sachbeschädigung! Sie sind der Täter!" — „Aber, Herr Staatsanwalt Nidung", — denn der ist es — antwortet Mäxchen da entsetzt, „seit der Post-Verteilerkästen-Entscheidung des Bundesgerichtshofes..." Doch Staatsanwalt Nidung unterbricht Mäxchen höhnisch: „Damals hat der BGH entschieden, daß wildes Plakatieren immer dann den Straftatbestand der Sachbeschädigung erfüllt, wenn die Beseitigung der Plakate einen erheblichen Aufwand erfordert. Und angesichts des benutzten Klebstoffes ist das hier bei den beklebten Verteilerkästen der Post und bei den überklebten Plakaten des Vereins ‘Gegen Rassismus und Faschismus e.V.’ sowieso der Fall". Und Staatsanwalt Nidung beendet seine Ausführungen mit den gezischten Fragen an seine beiden Begleiter: „Sie, Herr Vorsitzender dieses Vereins, und Sie, Herr Oberpostdirektor, Sie werden doch sicherlich Strafantrag stellen?" Die beiden Befragten nicken wütend. Da kann Mäxchen nur noch stammeln: „Aber Sie haben doch gar nicht gesehen, wer hier plakatiert hat, gegen mich haben Sie jedenfalls gar keine Beweise in der Hand!" Doch Staatsanwalt Nidung lächelt süffisant und sagt: „Ihre Kleidung und Ihre Hände sind voller Tapetenkleister, und es ist für uns eine Kleinigkeit, festzustellen, daß es sich hier um denselben Leim wie an den Plakaten handelt. Das gibt wieder ein schönes Strafverfahren gegen Sie, Mäxchen Treuherz!". „Und ich hatte mich doch so auf die Post-Verteilerkästen-Entscheidung des BGH verlassen..." kann Mäxchen da nur noch unglücklich murmeln.

O liebes Mäxchen, drum rat ich Dir: Wenn Du Dich schon mit der Justiz beschäftigst, dann denke daran, daß Juristen spitzfindige Leute sind! Verlasse Dich also nicht auf irgendwelche verkürzten Berichte in der Presse, sondern erkundige Dich bei einem Rechtsanwalt, was strafbar ist und was nicht! Und wenn Du Dich schon auf den schmalen Grat zwischen Strafbarkeit und Straflosigkeit begibst, dann sei lieber etwas zu vorsichtig als zu leichtsinnig!

Juristische Fußangeln zu den Stichworten „Wildes Plakatieren und Parolen-Sprühen"

Wer ohne Genehmigung des jeweiligen Eigentümers auf fremde Hauswände, Telefonzellen, Verteilerkästen der Post usw. Plakate klebt, also „wild plakatiert" oder Aufkleber befestigt oder Parolen sprüht, kann wegen Sachbeschädigung (§ 303 StGB) bestraft werden.

Die Rechtsprechung in Westdeutschland war bis zum Jahre 1979 uneinheitlich und teilweise sehr streng. Die bis damals ergangenen Gerichtsentscheidungen sind aber heute zum Teil überholt. Denn der Bundesgerichtshof hat 1979 die Auslegung des Gesetzes großzügiger gestaltet und folgendes festgestellt: Eine Sachbeschädigung liegt nicht vor, wenn nur die äußere Erscheinungsform einer Sache verändert wird. Eine Sachbeschädigung liegt erst dann vor, wenn die Beseitigung dieser Veränderung entweder zu Schäden an der Sache führt oder einen erheblichen Aufwand an Mühe, Zeit oder Kosten erfordert (Beschluß des BGH vom 13.11.1979, Az. 5 StR 166/79, zu finden in BGHSt 29, 129 ff. = BGH NJW 1980, 350 zur Frage der Sachbeschädigung von Verteilerkästen der Post durch „wildes Plakatieren").

Das bedeutet: Wildes Plakatieren und das Sprühen von Parolen stellen nicht von vornherein eine Sachbeschädigung dar. Sie werden erst dann zu einer Sachbeschädigung, wenn das Entfernen der Plakate oder Parolen z.B. zu Schäden am Lack oder Farbanstrich der beklebten bzw. besprühten Fläche führt, oder wenn die Beseitigung der Plakate bzw. Parolen mühevoll oder teuer ist.

Angesichts der Fülle der ergangenen Urteile können wir im folgenden nur die wichtigsten Fragen behandeln. Sollten Sie, lieber Leser, zum Stichwort „Wildes Plakatieren" oder Sprühen von Parolen noch weitere Fragen haben, müssen wir Sie bitten, sich an einen Rechtsanwalt zu wenden. Im folgenden seien nur die wichtigsten ergangenen Gerichtsentscheidungen genannt:

Die Rechtsprechung hat es als Sachbeschädigung und daher strafbar angesehen, wenn ein Wahlplakat mit einem anderen Plakat überklebt wurde (BGH, Urteil vom 19.08.1982, Az. 4 StR 387/82, zu finden in NStZ 1982, 508 f. und OLG Hamburg, Urteil vom 25.08.1981, Az. 1 Ss 65/81, zu finden in NJW 1982, 395.)

Die Rechtsprechung hat es weiter als Sachbeschädigung und daher als strafbar angesehen, wenn eine an die Wand gesprühte, fremde Parole nochmals mit einer anderen Parole aus Öl- oder Lackfarbe übersprüht wurde, wobei die Wand nur mit großem Aufwand gereinigt werden konnte (OLG Celle, Urteil vom 17.11.1980, Az.2 Ss 239/80, zu finden in NStZ 1981, 223 f. und OLG Frankfurt a.M., Beschluß vom 21.04.1988, Az. 5 Ss 29/88).

Die Rechtsprechung hat es schließlich als Sachbeschädigung und daher als strafbar angesehen, wenn Hausfassaden und Schaufenster mit Parolen und Lackfarbe besprüht wurden, die nur beseitigt werden konnten durch Überstreichen der Hauswand, was 435 DM kostete (OLG Düsseldorf, Urteil vom 11.03.1982, Az. 5 Ss 15/82 I, zu finden in NJW 1982, 1167) bzw. durch den Einsatz von Farblösungsmitteln, Wurzel- und Drahtbürsten sowie Sandstrahlgeräten (OLG Oldenburg, Urteil vom 23.08.1982, Az. Ss 173/82, zu finden in NJW 1983, 57 f.) bzw. durch einen zweieinhalbstündigen Arbeitseinsatz des Eigentümers (LG Bremen vom 03.06.1982, Az. 18 Ns 52 Js 16/81, zu finden in NJW 1983, 56 f.).

Die Rechtsprechung hat es dagegen nicht als Sachbeschädigung und daher als erlaubt angesehen, wenn ein Abfallbehälter, eine Telefonzelle und ein Streugutkasten mit Aufklebern beklebt wurden, die sich zwar nicht mit der Hand, aber mit Benzin oder Spülmittellösung ablösen ließen (OLG Frankfurt a.M., Urteil vom 11.03.1988, Az. 5 Ss 477/87).

Die Rechtsprechung hat es außerdem nicht als Sachbeschädigung und daher als erlaubt angesehen, wenn ein Gehweg mit Parolen aus Acrylfarbe besprüht wurde, die zwar nicht mit Wasser, aber mit Lösungsmitteln entfernt werden konnten (OLG Frankfurt a.M., Urteil vom 21.07.1988, Az. 5 Ss 228/88).

Es sei jedoch noch auf folgendes hingewiesen: Selbst wenn keine Straftat vorliegt, kann eine Ordnungswidrigkeit gegeben sein. Diese wird mit einer Geldbuße geahndet. Ob allerdings eine Ordnungswidrigkeit gegeben ist, folgt aus dem Recht der einzelnen Bundesländer und aus Polizeiverordnungen der einzelnen Gemeinden. Wegen der teilweise unterschiedlichen Ausgestaltung dieser Verordnungen müssen wir Ihnen empfehlen, sich bei den örtlich zuständigen Stellen, z.B. bei der Polizei oder dem Amt für öffentliche Ordnung usw., zu erkundigen, wie der genaue Wortlaut der betreffenden Ordnungswidrigkeit lautet.

Abschließend sei noch angemerkt, daß der Eigentümer der beklebten oder besprühten Wand die Reinigungskosten, die bei der Beseitigung der Plakate oder Parolen entstehen, als Schadenersatz aus dem Gesichtspunkt der unerlaubten Handlung (§ 823 BGB) vom Täter verlangen und zivilgerichtlich einklagen kann. Der Eigentümer kann außerdem auf Unterlassung weiterer Plakatierungen gemäß § 1004 BGB klagen. Dies kann sehr teuer werden.

Mäxchen und die Hausdurchsuchung

Es ist 6.10 Uhr in der Frühe. Mäxchen Treuherz schläft den Schlaf des Gerechten. Er träumt gerade, daß er neuer Justizminister ist, für gerechte Gesetze sorgt und als erste Amtshandlung Staatsanwalt Nidung entläßt. Da zerreißt ein häßliches Schrillen seine Träume. Mäxchen schreckt aus dem Schlaf, reibt sich die Augen und stellt benommen fest: Irgendjemand läutet an seiner Wohnungstüre Sturm. Laut ruft es: „Aufmachen! Polizei!" Mäxchen fährt schlaftrunken auf, findet seine Schuhe nicht und schaut aus dem Fenster. Vor dem Haus stehen zwei grüne Mannschaftswagen der Polizei, aus ihnen quellen immer mehr Uniformierte. Stiefel poltern. Koppelschlösser blinken. Waffen klirren. Das Läuten und Klopfen an der Wohnungstüre ertönt erneut: „Aufmachen!" Mäxchen stürzt zur Türe und öffnet. „Mäxchen Treuherz? Hausdurchsuchung! Wir dürfen doch hereinkommen, oder?" klingt es gebieterisch, und Mäxchen schaut in Staatsanwalt Nidungs herrische Miene. Mäxchen, der als braver Bürger das Gehorchen gelernt hat, ruft „Jawohl" und legt die Hände an die Hosennaht. Er, ein anständiger, arbeitsamer und steuerzahlender Bürger, ist sich schließlich keiner Schuld bewußt, er ist ja kein Verbrecher und hat ein reines Gewissen.

Da lächelt Staatsanwalt Nidung süffisant. Ein Pulk Polizisten ergießt sich nun in Mäxchens Wohnung. Das Unterste wird zuoberst gekehrt. Schränke werden von den Wänden gerückt. Der Bettkasten wird untersucht. Schranktüren werden aufgerissen. Handtücher, Kleidung und Wäschestücke fliegen aus den Schränken und zu Boden. Bücher werden aus den Regalen gerissen. Eines kippt dabei um. Eine Vase klirrt zu Boden. Der Inhalt von Mäxchens Tintenfaß ergießt sich über Schreibtisch, Teppich und Fotoalbum. Als Mäxchen sieht, wie Staatsanwalt Nidung sogar die Liebesbriefe aus der hintersten Ecke herauszerrrt und sie liest, schreit Mäxchen empört: „Halt! Was fällt Ihnen ein? Wie können Sie in meinen Privatpapieren herumschnüffeln?" — „Gesetzlich zulässig gemäß § 110 StPO" sagt Staatsanwalt Nidung da höhnisch und mit gespitzten Lippen. Mäxchen kommt nun langsam in Fahrt : „Was ist das überhaupt für eine Unverschämtheit, mich kurz nach 6 Uhr morgens mit einer Hausdurchsuchung zu über-

fallen? Ich habe noch geschlafen!" — „Gesetzlich zulässig gemäß § 104 StPO," sagt Staatsanwalt Nidung genüßlich und mit funkelnden Augen. Und er wendet sich einem Polizisten zu, der ihm einen Stapel Flugblätter zeigt. „Ah, da haben wir ja die gesuchten volksverhetzenden Schriften!" — Etwas später kommt ein weiterer Polizist, der mühsam fünf Bücher mit dem beziehungsreichen Titel „Der Dachau- Mythos" anschleppt. Mit spitzen Fingern blättert Staatsanwalt Nidung sie durch und ruft dann entzückt aus: „Ah, wie schön! Das haben wir zwar nicht gesucht. Es wird aber als Zufallsfund beschlagnahmt. Das gibt ein weiteres Strafverfahren wegen Volksverhetzung gegen Sie!" Mäxchen ruft empört, daß Zufallsfunde nicht mitgenommen werden dürften, daß die Bücher hierzulassen seien. Doch Staatsanwalt Nidung ruft nur zynisch: „Gesetzlich zulässig gemäß § 108 StPO."

„Was sind das überhaupt für Bücher? Gehören die Ihnen? Was wollen Sie damit machen?" Und Mäxchen, als wohlerzogener Bürger gewöhnt, auf klare Fragen klare Antworten zu geben, erzählt, daß er die Bücher bei dem Verlag „Wahrheit und Klarheit" bestellt, sie gestern erhalten und sogleich bezahlt habe, und daß er sie an seine Bekannten zu schenken beabsichtige, um der geschichtlichen Wahrheit zum Durchbruch zu verhelfen. Staatsanwalt Nidung nickt dazu nur listig und macht sich eifrig Notizen. Da wird es Mäxchen denn doch etwas bang zumute, und er verlangt, seinen Rechtsanwalt anrufen zu dürfen, damit dieser sofort komme. Doch Staatsanwalt Nidung verweigert dies barsch und hat es dann sehr eilig, die wühlenden und vor Arbeitseifer schwitzenden Polizisten zusammenzutrommeln und mit ihnen abzuziehen. Zurück bleibt — in einem Chaos von Möbeln, zerwühlter Habe und zerknitterten Papierstücken — Mäxchen, gähnend, frierend und entsetzt.

Noch entsetzter aber ist sein Rechtsanwalt, als ihm Mäxchen einige Tage später von dem Vorgefallenen erzählt. „Warum bloß haben Sie nicht vor der Hausdurchsuchung den Durchsuchungsbefehl zu sehen verlangt und ihn durchgelesen? Warum bloß haben Sie mich nicht sofort angerufen, ich wäre doch gleich gekommen!? Warum bloß haben Sie sich zu den beschlagnahmten Büchern geäußert, anstatt die Aussage zu verweigern? Warum bloß haben Sie zum Ende der Hausdurchsuchung kein Protokoll und kein Verzeichnis der beschlagnahmten Gegenstände verlangt? All das wäre Ihr gutes Recht gewesen!" — „Ich wußte ja nicht, was erlaubt ist und was nicht..." murmelt Mäxchen Treuherz da betroffen...

Oh liebes Mäxchen, drum rat ich Dir: Wenn Du dich schon als kritischer Bürger politisch betätigst, dann mache Dich darauf gefaßt, daß Du Zielscheibe unangenehmer Maßnahmen der Staatsorgane werden kannst! Erkundige Dich daher rechtzeitig vorher über die Dir dann zustehenden Rechte und über die von den Behörden einzuhaltenden Pflichten, damit Du Dir nicht aus Unwissenheit selbst schadest!

Juristische Fußangeln zum Stichwort „Hausdurchsuchung"

Ein beliebtes Mittel zur Einschüchterung kritischer Bürger ist die Einleitung von Strafverfahren gegen sie. Wie wir bereits ausgeführt haben, können die verschiedensten politischen Äußerungen unter die Straftatbestände der Volksverhetzung, Beleidigung o.ä. fallen. Im Rahmen eines Strafverfahrens kommt es dann häufig zu einer Hausdurchsuchung, und es ist leider eine Tatsache, daß sich die Staatsorgane dabei nicht immer an die gesetzlichen Vorschriften halten. Im folgenden sollen daher Hinweise gegeben werden, wie sich ein betroffener Bürger bei einer Hausdurchsuchung verhalten sollte, damit er sich nicht selbst aus Unwissenheit schadet. Angesichts der Fülle der auftretenden Probleme können wir dabei leider nicht alle, sondern nur die wichtigsten Fragen behandeln. Sollten Sie, lieber Leser, zum Stichwort „Hausdurchsuchung" noch weitere Fragen haben, müssen wir sie bitten, sich damit an einen Rechtsanwalt zu wenden.

Die folgenden Verhaltensmaßregeln bei einer Hausdurchsuchung sind daher empfehlenswert:

1. Bewahren Sie Ruhe.

bitten Sie diesen, sofort zu Ihnen zu kommen.

11. Wiedersprechen Sie der Durchsicht Ihrer Papiere, also z.B. von Briefen, Fotoalben, Tagebuchaufzeichnungen, Tonbändern usw. (Bücher, Zeitungen und Flugblätter sind jedoch keine Papiere im Sinne des § 110 StPO). Die Papiere dürfen dann nur vom Staats- anwalt gelesen werden und müssen hierzu ggf. versiegelt werden (siehe § 110 StPO).

12. Achten Sie darauf, daß ein genaues Verzeichnis der beschlagnahmten und in Verwahrung genommenen Gegenstände erstellt wird (siehe §§ 107 und 109 StPO). Es muß ähnlich genau sei wie der Durchsuchungsbefehl. Die bloße Angabe z.B. „Beschlagnahmt wurden 3 Bücher" genügt nicht, vielmehr muß jeweils Titel und Verfasser festgehalten werden.

13. Verlangen Sie nach Beendigung der Hausdurchsuchung eine Abschrift des unter Nummer 12 genannten Verzeichnisses und ein Protokoll (siehe § 107 StPO).

14. Wenn die Polizei Ihren Forderungen nicht nachkommt, verlangen Sie den sofortigen Abbruch der Hausdurchsuchung und lassen Sie dies in das Protokoll aufnehmen. Legen Sie anschließend bei dem Vorgesetzten der Polizeibeamten Dienstaufsichtsbeschwerde ein, und erstatten Sie evtl. Strafanzeige wegen Hausfriedensbruches bei der Staatsanwaltschaft.

15. Legen Sie Rechtsmittel ein:

(a) Die Verfassungsbeschwerde ist zulässig gegen einen rechtswidrigen, z.B. zu ungenauen richterlichen Durchsuchungsbefehl.

(b) Die Verfassungsbeschwerde ist ebenso auch zulässig gegen die Art und Weise einer Hausdurchsuchung, die aufgrund einer richterlichen Anordnung erfolgt ist.

(c) Der Antrag auf gerichtliche Entscheidung (§ 23 EGGVG) ist zulässig gegen die Art und Weise einer Hausdurchsuchung, die aufgrund einer Anordnung der Staatsanwaltschaft oder der Polizei durchgeführt worden ist.

Bei diesen Rechtsmitteln ist jeweils eine Monatsfrist einzuhalten. Bitte beachten Sie jedoch, daß ein erfolgloses Rechtsmittel Kosten verursacht. Es ist daher empfehlenswert, die Erfolgsaussichten jeweils vor Einlegung des Rechtsmittels sorgfältig prüfen zu lassen, und zwar sinnvollerweise von einem Rechtsanwalt.

Mäxchen und die Aussage

Bei Mäxchen Treuherz ist 'mal wieder Hausdurchsuchung. Er hatte nämlich 100 DM auf das westdeutsche Postscheckkonto des kanadischen „Gründel-Verlages" überwiesen und dafür ein Paket Flugzettel erhalten, die er auch schon größtenteils verteilt hat. Staatsanwalt Nidung wiederum hatte das Postscheckkonto beschlagnahmt, Mäxchens Zahlung entdeckt, und nun durchwühlt er mit seinen Mannen Mäxchens Wohnung nach „volksverhetzenden Schriften". Mäxchens Blutdruck schnellt in die Höhe, und er begleitet das Wüten der Polizisten mit Zetern und Wehklagen. Er „rastet" vollends aus, als zwei Polizisten seine Briefmarkenalben aus dem Schrank reissen und die Marken mit ungewaschenen Fingern anfassen. „Lassen Sie das sein!" schreit Mäxchen mit hochrotem Kopf, „meine schönen Briefmarken!!!" Da ertönen plötzlich rasche Schritte. Staatsanwalt Nidung hat Mäxchens Geschrei gehört, übersieht mit einem Blick die Lage und fährt die Polizisten herrisch an: „Seien Sie doch nicht solche Trampel! Wir suchen volksverhetzende Schriften und keine Briefmarken! Nun räumen Sie 'mal ganz schnell die Alben wieder in den Schrank, und dann machen Sie, daß Sie aus dem Zimmer kommen!" Als die Polizisten diesem Befehl — sichtlich kleinlaut — Folge leisten, ist das Balsam für Mäxchens verwundete Seele. Der Staatsanwalt bietet Mäxchen sogar noch ganz leutselig eine Zigarette an und sagt kopfschüttelnd : „Also, manche unserer Beamten sind auch wirklich zu übereifrig..." — „Der Nidung ist ja ganz menschlich!" denkt Mäxchen entgeistert, da räuspert sich der Staatsanwalt verlegen :„Naja, unter uns gesagt, ich bin auch nicht mit allem einverstanden, was um uns herum geschieht, und was ich so tun muß. Wenn ich so könnte, wie ich wollte, ... aber ich bin eben Beamter und muß meine Pflicht tun...". „Selbstverständlich,

Herr Staatsanwalt, das tun wir alle. Und meine Pflicht ist es, für unser armes, geknechtetes Land zu kämpfen und für die Wahrheit und die Gerechtigkeit einzutreten!", Mäxchen bemerkt gar nicht den lauernden Blick Staatsanwalt Nidungs, als der sagt: „Ich glaube, Sie sind wirklich ein Idealist, Herr Treuherz. Eigentlich wollte ich mich schon lange 'mal mit einem solchen Menschen unterhalten und mit ihm so ganz zwanglos über die politischen Mißstände bei uns reden...", „Ha". denkt Mäxchen kampfgemut, „Dir werde ich jetzt 'mal mit Vergnügen ein paar Wahrheiten um die Ohren schlagen, daß Dir Hören und Sehen vergeht!" Und dann legt Mäxchen eine Rede hin, die sich gewaschen hat. Von der Kriegsschuldfrage über den Asylmißbrauch bis hin zur steigenden Kriminalität wird alles abgehandelt. Als Mäxchen seine Ausführungen schließlich etwas erschöpft abbricht, sagt der aufmerksam lauschende Staatsanwalt: „Das ist ja alles schön und gut, was Sie da sagen. Aber alleine können Sie doch nicht viel ausrichten, da müssen Sie doch Mitstreiter haben?". „Mein Gott, ist der Nidung dumm", denkt Mäxchen und ruft siegesgewiß: „Aber die habe ich doch!". Und Staatsanwalt Nidung fragt nun ganz gespannt: „Was machen Sie denn da so? Verteilen Sie auch diese Flugzettel?", und der Staatsanwalt hält Mäxchen plötzlich die restlichen Flugblätter des „Gründel-Verlages" unter die Nase. Mäxchen ist völlig überrumpelt, und da er gewöhnt ist, auf klare Fragen klare Antworten zu geben, bejaht er dies. „Und wo sind die übrigen Zettel?", kommt es nun Schlag auf Schlag. Da endlich leuchtet bei Mäxchen eine Warnlampe auf, und er beschließt, vorsichtig zu sein und nicht mehr die Wahrheit zu sagen: „Welche übrigen Flugblätter? Mehr habe ich nicht! Das Postpaket ist heute erst gekommen!". Da lacht der Staatsanwalt höhnisch: „Sie wollen mich wohl für dumm verkaufen, was? Sie haben am 22.02. 100 DM an den „Gründel-Verlag" überwiesen. Für diese Summe bekommen Sie nicht bloß diese 20 Zettel, sondern viel mehr!" — „Woher wissen Sie das?" ruft Mäxchen entsetzt aus. — „Tja," lächelt Staatsanwalt Nidung zynisch, „einer von Ihren Mitstreitern hat bereits alles gestanden... Also, wer hat beim Verteilen mitgeholfen?" Da ruft Mäxchen aber ganz bockig:„Ich verrate keinen Kameraden! Und wenn Sie schon alles wissen, warum fragen Sie dann erst noch lange?". „Weil ich es auch noch aus Ihrem Munde hören möchte", sagt der Staatsanwalt mit gespitzten Lippen. „Also, wer hat diese Flugblätter noch verteilt?" Doch Mäxchen verharrt schweigend. „Hören Sie", sagt da Staatsanwalt Nidung, „ich mache das alles hier ohne Tonband und Protokoll, das ist nur so ein informatorisches Gespräch, da können Sie mir ruhig alles sagen!". Doch Mäxchen schweigt trotzig. „Also, wenn Sie jetzt aussagen", mahnt der Staatsanwalt, „dann können Sie vor Gericht mit einer milderen Strafe rechnen!" Doch Mäxchen schüttelt wild den Kopf. „Mensch, machen Sie reinen Tisch! Als Mann mit Grundsätzen und als Mann von Ehre und aufrechter Gesinnung müssen Sie zur Wahrheit stehen", beschwört der Staatsanwalt Mäxchen. Doch der sagt nichts. Da zischt Nidung: „Wenn Sie mir jetzt nicht sofort sagen, wer mit Ihnen die 'Gründel-Flugblätter' verteilt hat, dann werde ich sämtliche Nachbarn, Arbeitskollegen, Freunde, Verwandte und Bekannte verhören, und dann werden alle erfahren, was Sie für einer sind!". Mäxchen erbleicht. Er sieht seinen Arbeitsplatz gefährdet, seine Freunde sich von ihm abwenden und eine Neuauflage der ewigen Nörgeleien seiner Stiefmutter auf ihn zukommen, sie habe es ja immer gewußt, daß aus ihm nichts würde...

Da stößt Mäxchen hervor: „Das war Hugo Müller." Als gegen diesen ebenfalls ein Strafverfahren wegen Volksverhetzung eingeleitet wird, und Hugo erfährt, daß Mäxchen ihn verraten hat, ruft er wütend: „Wegen Deiner Quasselei sitze ich nun in der Tinte!

Warum hast Du nicht bloß von Anfang an und vollständig die Aussage verweigert? Warum hast Du nicht erst einmal einen Anwalt befragt? Der Nidung hat Dich doch von Anfang an ins offene Messer rennen lassen, und Du hast das nicht einmal gemerkt! Der hat Dich auch noch geblufft, denn keiner von uns hatte Dich verpfiffen. Aber Du hast mich durch Deine Dummheit verraten!". „Der Staatsanwalt war so nett zu mir, und ich war mir so sicher, nichts Gefährliches zu sagen, und dann auf einmal..." murmelt Mäxchen da betroffen.

O liebes Mäxchen, drum rat ich Dir: Verweigere immer und von Anfang an und vollständig die Aussage! Erkundige Dich vor Deiner Vernehmung nach Deinen Rechten und insbesondere nach Deinem Aussageverweigerungsrecht! Und laß' Dich nicht durch Freundlichkeiten oder Bluffs oder Drohungen der Polizeibeamten, Staatsanwälte und Richter übertölpeln oder einschüchtern!

Juristische Fußangeln zum Thema „Die Aussageverweigerung"

Wie wir bereits mehrfach ausgeführt haben, können die verschiedensten Äußerungen zu politischen und zeitgeschichtlichen Themen unter die Straftatbestände der Volksverhetzung, Beleidigung o.ä. fallen. Die eingeleiteten Strafverfahren enden dann sehr häufig nur deshalb mit einer Verurteilung, weil die Beschuldigten bzw. Angeklagten ihre Aussagen gemacht und sich dabei „um Kopf und Kragen geredet" haben. Sie reden einfach zu viel, teilweise aus Unkenntnis der Rechtslage und der Aussageverweigerungsrechte, teilweise aus Angst, teilweise in der Hoffnung auf eine mildere Strafe. Manchmal lassen sie sich auch durch die unvermutete Freundlichkeit der Beamten und Richter übertölpeln und sind einfach dem psychischen Druck nicht gewachsen. Auch wohlwollende Zeugen belasten oft ungewollt den Beschuldigten bzw. Angeklagten. Es gibt nur ein Mittel, diesen Zwängen und Fallstricken zu entgehen: Reden Sie möglichst nichts oder nur nach Rücksprache mit Ihrem Rechtsanwalt! Verweigern Sie möglichst die Aussage vollständig und von Anfang an!

Die folgenden Verhaltensmaßregeln bei einer Vernehmung als Beschuldigter bzw. Angeklagter oder Zeuge sind daher empfehlenswert:

1. Bewahren Sie Ruhe.

2. Lassen Sie sich durch Polizisten, Staatsanwälte und Richter weder einschüchtern noch durch Freundlichkeit übertölpeln.

3. Bei überraschenden Anlässen, z.B. am Tatort, bei Festnahmen oder Hausdurchsuchungen schweigen Sie bitte vollständig und von Anfang an! Sagen Sie nur, daß Sie die Aussage verweigern und erst einmal Ihren Anwalt sprechen wollen.

4. Wenn Sie eine Ladung zur Polizei oder sonstigen Behörden erhalten, prüfen Sie, ob Sie als Beschuldigter bzw. Angeklagter oder als Zeuge aussagen sollen. Ergibt sich dies nicht aus der Ladung, erfragen Sie dies erst einmal fernmündlich oder spätestens zu Beginn der Vernehmung.

5. Wenn Sie Beschuldigter sind, gilt folgendes:

   (a) Einer Ladung zur Polizei leisten Sie nicht Folge und beantworten schriftliche Anfragen nicht. In jedem Falle verweigern Sie von Anfang an und vollständig die Aussage und verweisen auf Ihren Anwalt.

   (b) Einer Ladung zur Staatsanwaltschaft oder zu Gericht müssen Sie zwar Folge leisten, Sie verweigern aber auch dort die Aussage.

6. Wenn Sie Zeuge sind, gilt folgendes:

(a) Einer Ladung zur Polizei leisten Sie nicht Folge und beantworten schriftliche Anfragen nicht.

(b) Einer Ladung zur Staatsanwaltschaft oder zu Gericht leisten Sie zwar Folge, lassen sich aber erst von einem Rechtsanwalt beraten, ob Ihnen ein Zeugnisverweigerungsrecht zusteht, z.B. als Verwandter des Beschuldigten, oder weil Sie sich durch eine Aussage selbst der Gefahr der Strafverfolgung aussetzen. Ist dies der Fall, leisten Sie der Ladung zwar Folge, verweigern die Aussage aber vollständig und von Anfang an.

Nur wenn Ihnen als Zeuge kein Zeugnisverweigerungsrecht zusteht, müssen Sie — wahrheitsgemäß — aussagen. Auch in diesem Falle sollten Sie sich aber von einem Anwalt beraten lassen, damit Sie nicht zu redselig sind und den Beschuldigten mit Dingen belasten, die im Strafverfahren vielleicht noch gar nicht bekannt waren.

Denken Sie immer daran: Reden ist Silber, Schweigen ist Gold!

Mäxchen und die Kriegsschuld

Um der Wahrheit und der Gerechtigkeit nun endlich zum Siege zu verhelfen, beschließt Mäxchen Treuherz, in die große Politik einzusteigen. Er tritt der neugegründeten Partei „Partei der europäischen Patrioten" (PEP) bei, die in Mäxchens Stadt siebzehn Mitglieder aufweist und vornehmlich in rauchigen Hinterzimmern von Vorstadtkneipen ihre Versammlungen abhält. Durch seine Rührigkeit ist es Mäxchen auch schon nach kurzer Zeit gelungen, den wichtigen Posten eines „stellvertretenden Schatzmeisters" zu übernehmen. Da der Schatzmeister wieder einmal an Rheumatismus erkrankt ist, hat Mäxchen heute die verantwortungsvolle Aufgabe übernommen, bei der Parteiversammlung mit Gästen die Eintrittskarten zu verkaufen. Heute ist ganz etwas Besonderes los, denn der Hauptredner der Zusammenkunft ist niemand anderer als der Parteivorsitzende der PEP's persönlich, Herr Franz-Josef Hintermoser. Mäxchen ist daher ziemlich aufgeregt und gespannt wie ein „Flitzebogen".

Und tatsächlich wird Mäxchen anfangs von Herrn Hintermosers Rede auch nicht enttäuscht. Der PEP-Vorsitzende spricht zum Thema „Deutschland und die Welt", und was er da über die Staatsverschuldung, die Kriminalität und die Ausländer sagt, ist Mäxchen so richtig aus dem Herzen gesprochen. Mäxchen hätte das alles nicht besser ausdrücken können. Gegen Ende seiner Rede kommt Herr Hintermoser dann aber auf das Thema „Krieg und Frieden" zu sprechen, und da verfällt er doch auf einmal in Schuldzuweisungen. Sätze wie „Wir Deutschen haben schließlich den zweiten Weltkrieg angefangen" und „Die Polen waren völlig schuldlos" fallen. Mäxchen ist bestürzt. Wie kann der Parteivorsitzende seiner eigenen Partei, die sich zudem noch als patriotisch bezeichnet, ei-

nen solchen Unsinn reden? Mäxchen tröstet sich jedoch damit, daß
Herr Hintermoser vieleicht doch noch nicht genügend aufgeklärt
ist, und schaltet sich in die Diskussion ein, die sich an die Rede des
PEP-Vorsitzenden anschließt. In sehr höflichen Worten dankt er
Herrn Hintermoser für dessen wohltuende Worte, bittet ihn dann
aber, die geschichtliche Wahrheit zu beachten und die Schuld am
Ausbruch des zweiten Weltkrieges doch nicht einseitig den Deutschen aufzuerlegen, sondern die Kriegstreiberei zum Beispiel der
Polen und Engländer nicht zu vergessen, besonders auch nicht die
Geschehnisse des Bromberger Blutsonntags. Mäxchen wird jedoch
zunehmend entsetzter und empörter, als der PEP-Vorsitzende in
ziemlich abfälliger Weise entgegnet, er habe keine Lust, die Diskus-
sionen Ewiggestriger in seiner Partei zu führen, und es gibt halt
leider genügend Belege und Bücher darüber, daß die Deutschen
den Krieg angefangen hätten. Mäxchen ruft nun voller Kampfes-
lust, daß es genügend Bücher und Belege dafür gebe, die genau das
Gegenteil bewiesen, und Herr Hintermoser solle sich doch bitte einmal die Mühe machen und zum Beispiel das Buch „Klarheit für uns
alle" von Udo Hollander lesen. Mäxchen preist sich glückselig, daß
er gerade heute dieses Werk bei sich führt, und hebt es in die Höhe,
damit alle Anwesenden es sehen können. Die Antwort des PEP Vor-
sitzenden, er verbitte es sich, daß Versammlungen seiner konserva-
tiven und patriotischen Partei von Rechtsextremisten heimgesucht
und zur Werbung von verbotenen Büchern mißbraucht würden, löst
einen erregten Streit aus, in den sich fast alle Versammlungsteil-
nehmer einmischen und der sich beinahe zu einem Tumult steigert.
Die Hälfte der Anwesenden ist von ihren Plätzen aufgesprungen,
Herr Hintermoser gestikuliert wild herum, Mäxchen schreit sich seine Empörung vom Leibe und der Versammlungsleiter bemüht sich
zunächst vergeblich darum, Ruhe und Ordnung wiederherzustel-

len. Als ihm dies nach einigen Minuten endlich gelungen ist, hat er nichts Eiligeres zu tun, als die Sitzung so schnell wie möglich zu beenden. Ratlos und zögernd verlassen die Anwesenden den Saal, und nur Herr Hintermoser tuschelt noch eifrig mit dem Versammlungsleiter und wirft wütende Blicke auf Mäxchen. Dieser ist zwar sehr enttäuscht über seinen Parteivorsitzenden, gleichzeitig aber doch höchlichst zufrieden darüber, daß er der Wahrheit wieder einmal eine Gasse gebahnt hat.

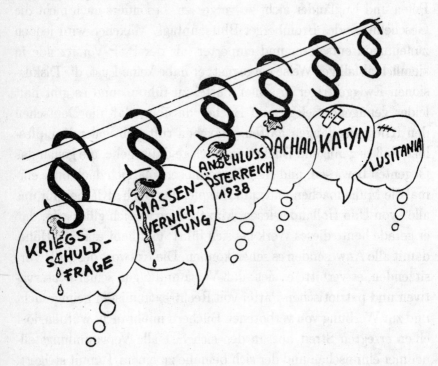

Plötzlich fühlt er, wie ihn jemand am Ärmel zupft. Es ist das jüngste PEP-Mitglied, ein sechzehnjähriger, sehr wißbegieriger Schüler. er erzählt Mäxchen leise, daß bei ihm gerade in der Schule das Thema der Kriegsschuldfrage behandelt werde und dabei die Geschehnisse des Bromberger Blutsonntages gar nicht erwähnt worden seien. Für ihn seien daher Mäxchens Ausführungen sehr wichtig, und ob dieser ihm nicht einmal das Buch ausleihen könne? Mit dem Ruf „Deutschland hat keine Schuld am Kriegsausbruch!" händigt Mäxchen seinem jungen Parteifreund das genannte Buch leihweise aus. Kopfschüttelnd geht er nach Hause und denkt sich, daß seine juristischen Erfahrungen doch ganz nützlich sind, „Verbotene Bücher!" So ein Quatsch! Das gibt es doch heute gar nicht mehr! Natürlich sind Bücher zum Thema „Judenvernichtung im Dritten Reich" oftmals strafbar, aber doch nicht zum Thema „Kriegsschuldfrage!"

Doch wieder einmal muß Mäxchen lernen, daß er noch längst nicht alle Fallstricke der Justiz kennt. Denn bei der PEP-Versammlung muß irgendein „falscher Fünfziger" anwesend gewesen sein, der Strafanzeige erstattet hat. So wird Mäxchen ein weiteres Mal verurteilt, dieses Mal wegen „Überlassens einer jugendgefährdenden Schrift an einen Jugendlichen, strafbar gemäß § 21 I Nr. 1 GjS". Mäxchen kann dieses Mal diesen Paragraphen noch nicht einmal in seinem StGB und auch nicht in seiner StPO finden, und er grübelt kopfschüttelnd, was wohl „jugendgefährdend" an der Kriegsschuldfrage ist?

O liebes Mäxchen, drum rat' ich Dir: Beachte, daß Tabu-Themen in unserer Zeit strafrechtlich geschützt werden, auch wenn dies nicht nur durch das Strafgesetzbuch, sondern auch durch die sogenannten „strafrechtlichen Nebengesetze" geschieht. Gehe immer davon aus, daß alles, was mit dem Dritten Reich und dem Nationalsozialismus zusammenhängt, gefährlich sein kann! Und denke daran, daß Du Bücher, die diese Themen behandeln, nur dann an

Jugendliche weitergeben solltest, wenn Du Dich vorher erkundigt hast, ob die Bücher indiziert sind oder nicht!

Juristische Fußangeln zum Stichwort „Indizierung"

Um die heute offiziell geltende Wahrheit über bestimmte geschichtliche Dinge zu schützen, ist es, wie wir in den obigen Abschnitten gesehen haben, ein beliebtes Mittel, die Straftatbestände der Beleidigung, Volksverhetzung oder Aufstachelung zum Rassenhaß anzuwenden. Ein weiteres, nicht ganz so hartes, aber dennoch sehr wirksames Mittel in dieser Richtung ist die Anwendung des „Gesetzes über die Verbreitung jugendgefährdender Schriften (GjS)".

Nach diesem Gesetz sind jugendgefährdende Schriften und Medien zum einen solche, auch ohne daß sie ausdrücklich in eine diesbezügliche Liste aufgenommen werden, die

- unter den Straftatbestand der Gewaltdarstellung bzw. Aufstachelung zum Rassenhaß gem. § 131 StGB fallen,

- unter den Straftatbestand der Pornographie gem. § 184 StGB fallen,

- oder offensichtlich geeignet sind, Kinder und Jugendliche sittlich schwer zu gefährden.

Wie in den obigen Abschnitten 2 und 4 dargelegt worden ist, fallen darunter also einige der Schriften zum Thema der Judenvernichtung im Dritten Reich und der Ausländer in Deutschland. Nach dem GjS werden zum anderen jugendgefährdende Schriften und andere Medien in eine diesbezügliche Liste aufgenommen, d.h. sie werden indiziert, wenn sie geeignet sind, Kinder oder Jugendliche sittlich zu gefährden. Das ist der Fall, wenn die betreffenden Medien

- unsittlich sind, d.h. also sexuell desorientierend wirken,

- verrohend wirken,

- zu Gewalttätigkeiten anreizen,

- zu Verbrechen aufstacheln,

- zum Rassenhaß anreizen,

- den Krieg verherrlichen,

- den Nationalsozialismus verherrlichen,

- oder frauendiskriminierend sind.

Über die Frage, ob eine Schrift jugendgefährdend ist oder nicht, entscheidet auf Antrag die „Bundesprüfstelle für jugendgefährdende Schriften (BPS)" in Bonn. Diese Stelle führt auch die Liste aller Indizierungen. Zum jetzigen Zeitpunkt sind u.a. folgende Medien indiziert:

- rund 1800 Bücher, Taschenbücher, Comics, Broschüren und Flugblätter,

- etwa 2000 Videofilme,

- etwa 150 Computer- und Automatenspiele,

- etwa 50 Schallplatten und -hüllen.

Hierunter fallen:

- 35 Medien mit Erzählungen bzw. Dokumenten aus dem zweiten Weltkrieg,

- 31 Medien über den Nationalsozialismus und Adolf Hitler,

- 15 Medien über die Judenvernichtung im Dritten Reich,

74

- 8 Medien mit ausländerkritischem Inhalt,

- je 3 Medien über die Kriegsschuldfrage des zweiten Weltkrieges, die SA, die HJ und die Waffen-SS und

- eine Schrift zum Thema „Rasse".

Wir können Ihnen, lieber Leser, nicht die Titel der indizierten Bücher und Medien nennen oder Ihnen eine Liste darüber zusenden, weil wir sonst Gefahr laufen, vielleicht wegen der Werbung für indizierte Schriften bestraft zu werden. Wir müssen Sie daher bitten, entweder das „Gesamtverzeichnis der indizierten Bücher, Taschenbücher, Broschüren, Comics und Flugblätter vom 31.05.1989" zu kaufen (Hrsg. Rudolf Stefen, Verlag Asgard, St.Augustin 1989), oder sich bei Rechtsanwälten zu erkundigen, welche Medien indiziert sind.

Ist eine Schrift oder ein anderer Medienträger indiziert worden, zieht dies folgendes nach sich: Es ist u.a. strafbar, indizierte Schriften und Medien

- Kindern und Jugendlichen, also Personen unter 18 Jahren, anzubieten, zu überlassen, zugänglich zu machen oder zu vermieten,

- an einem Ort, der Kindern und Jugendlichen zugänglich ist oder von ihnen eingesehen werden kann, auszustellen, anzuschlagen, vorzuführen oder sonst zugänglich zu machen,

- im Einzelhandel, außerhalb von Geschäftsräumen, in Kiosken, oder im Versandhandel zu vertreiben, zu verbreiten, zu verleihen, vorrätig zu halten oder einzuführen,

- außerdem darf für indizierte Schriften und Medien öffentlich oder durch Verbreiten von Schriften nicht geworben oder diese angeboten, angekündigt oder angepriesen werden.

Es ist dagegen straflos, die indizierten Schriften und Medien

- Erwachsenen, also Personen über 18 Jahren, anzubieten, zu überlassen oder zugänglich zu machen,

- in abgeschlossenen Ladengeschäften zu vermieten, die Kindern und Jugendlichen nicht zugänglich sind und von ihnen nicht eingesehen werden können

- zu privaten Zwecken vorrätig zu halten,

- einzelne Exemplare, z.B. in seinem Bücherschrank, zu besitzen.

Es sei noch angemerkt, daß die Überschneidungen zwischen den Straftatbeständen der Beleidigung, der Volksverhetzung, der Aufstachelung zum Rassenhaß und dem § 21 GjS vielfältig sind. Die wichtigsten Unterschiede dieser Gesetze sind die folgenden: Zum einen ist das bloße Herstellen einer beleidigenden oder volksverhetzenden und auch einer jugendgefährdenden Schrift straflos, während bereits das Herstellen einer Schrift, die zum Rassenhaß aufstachelt, strafbar ist. Zum anderen ist das Verbreiten von jugendgefährdenden Schriften an Erwachsene straflos, während das Verbreiten bzw. Kundtun von beleidigenden, volksverhetzenden und zum Rassenhaß aufstachelnden Schriften bzw. Äußerungen auch gegenüber Erwachsenen strafbar sind. Schließlich kann eine Verurteilung wegen Beleidigung, Volksverhetzung und Aufstachelung zum Rassenhaß nur erfolgen, wenn der Täter vorsätzlich gehandelt hat, während es bei der Verbreitung jugendgefährdender Schriften schon zu einer Verurteilung kommt, wenn der Täter nur fahrlässig gehandelt hat.

Mäxchen und die Demonstration

Erstaunlicherweise erhält Mäxchens Partei, die „Partei der europäischen Patrioten (PEP)" einen starken Zulauf und vervielfacht in kurzer Zeit ihre Mitgliederzahl beträchtlich. Nun steht wieder eine Landtagswahl bevor, und man schreitet zum Wahlkampf. Mäxchen verbringt mit zehn anderen jungen Parteifreunden jede freie Minute im Dienste der Partei. Er stellt Plakatschilder auf, verteilt Flugblätter und steht sich bei Informationsständen die Füße in den Bauch. Ein paar Mal werden er und seine Kameraden von einer linken Schlägertruppe davongejagt, als eine Übermacht den

PEP-Stelltisch kurz und kleinschlägt, ohne daß irgend jemand hilft. Auch die Polizei schaut weg...

Wenige Tage vor der Wahl findet der Höhepunkt des Wahlkampfes statt: die große, zentrale Kundgebung in der Landeshauptstadt mit vorangehendem Sternmarsch.

Mäxchen und seine Kameraden freuen sich: „Mensch, 'ne Demo, das ist toll!" Und sie haben sich hierfür auch gut vorbereitet: Alle elf tragen schwarze und braune Lederjakken, schwarze, braune oder blaue Hosen. Ein paar, darunter auch Mäxchen, haben sogar Knobelbecher angezogen, und einer hat sich ein Koppel umgeschnallt. Kernig sieht das aus! Mäxchen kommt sich ganz stark vor, vorsichtshalber fühlt er aber nach dem Stück Starkstromkabel, das er in seine Hose gesteckt hat. „Laßt ja bloß alle Waffen zuhause und vergeßt Euren Personalausweis nicht!" hatte zwar Hugo Müller gesagt, aber Mäxchen findet es nach den Überfällen der Linken beruhigender, das daumendicke Kabelstück in seinem Hosenbein zu fühlen und außerdem einen Motorradhelm mitzunehmen. „Das sind ja keine Waffen", denkt sich Mäxchen. Endlich, mit einer halben Stunde Verspätung, setzt sich die Marschsäule in Bewegung. Ein sichtlich nervöser Mann mit einem Megaphon hatte zuvor mehr Verwirrung als Ordnung gestiftet, war hin- und hergerannt und hatte Fahnen, Schilder und Transparente verteilt und Anweisungen gegeben. Mäxchen und seine Kameraden haben eine Fahne und zwei Spruchbänder übernommen und sich an die Spitze des Zuges gesetzt. Das ist ein tolles Gefühl, durch die Landeshauptstadt zu ziehen, hinter sich knapp hundert andere PEP-Mitglieder, über sich die Fahne und die Transparente, neben sich die Kameraden, und auf den Lippen einen peppigen Sprechchor: „PEP muß sein, PEP muß in den Landtag rein!"

Mäxchens Überschwang wird etwas gedämpft, als er mehrfach von irgendwelchen Linken fotografiert wird. „Verflixt, wenn die rauskriegen, wer ich bin, und dann ihren Terror ausüben... " murmelt Mäxchen und wickelt sich sicherheitshalber einen dicken Wollschal um Mund, Nase und Wangen, so daß von seinem Gesicht nicht mehr allzuviel zu sehen ist.

Und dann kommt das dicke Ende: Aus einer Seitenstraße heraus ertönen schrille Pfiffe, und ein Pulk vermummter und bewaffneter Schlägertypen stürzt sich mit dem Gebrüll „Nieder mit den Faschisten!" auf den Demonstrationszug der PEP's. Die meisten von denen flüchten, doch Mäxchen und seine Kameraden sowie ein paar andere Parteifreunde haken sich untereinander ein und schützen Fahnen, Schilder und Spruchbänder vor der vielzähligen Übermacht. Endlich tauchen auch ein paar einzelne Polizisten auf, doch die bedienen nur ihre Sprechfunkgeräte und rufen nach Verstärkung. Und bevor mit Martinshorn und Blaulicht mehrere Polizeiwagen und ein starker Trupp Polizisten anrücken, fällt Hugo Müller, getroffen von dem Knüppel eines linken Schlägers, am Kopf heftig blutend, auf das Straßenpflaster. Mäxchen rennt zu einem der wenigen Polizisten und schreit um Hilfe, doch der dreht sich um, schaut gelangweilt in eine andere Richtung und tut so, als ob er den Vorfall nicht beobachtet hätte. Da erfaßt Mäxchen eine blinde Wut. Er stülpt seinen Motorradhelm über, rennt zu dem linken Schläger und schreit wild auf ihn ein. Doch bevor er noch das Starkstromkabel aus seiner Hose richtig herausgezogen hat, wird er von hinten gepackt, entwaffnet und abgeführt. „Loslassen!" keucht Mäxchen und merkt erst jetzt, daß es — drei Polizisten sind, die ihn festhalten. Doch es heißt nur: „Sie sind vorläufig festgenommen", „Was???" stößt Mäxchen hervor, „Ich? Ich habe doch gar nichts getan. Verhaften Sie lieber den Kerl dort, der hat...", „Sie haben ein Starkstromkabel, also eine Waffe, mit sich geführt, strafbar nach § 27 Versammlungsgesetz. Sie haben weiter einen Motorradhelm, also eine Schutzwaffe, mit sich geführt, ebenfalls strafbar nach § 27 Versammlungsgesetz. Sie waren in einen Wollschal vermummt, das ist auch strafbar nach § 27 Versammlungsgesetz. Schließlich tragen Sie schwarze Kleidung und Knobelbecher, also eine verbotene

Uniform, das ist strafbar nach § 28 Versammlungsgesetz. Ihre Personalien bitte!" unterbricht einer der Polizisten Mäxchen. Doch der schreit wutschnaubend: „Verhaften Sie lieber den linken Schlägertyp, der meinen Freund Hugo niedergeknüppelt hat!". Doch der Übeltäter ist längst mit seinen Genossen entwischt, und der Polizist fragt: „Haben Sie dessen Personalien? Wir haben nichts gesehen." „Nein, die habe ich nicht," brüllt Mäxchen vor Wut, „die Personalien standen nämlich nicht auf dem Knüppel, mit dem er Hugo niederschlug!!! Aber der Polizist dort hinten, der hat doch alles beobachtet. Warum hat der den Verbrecher denn nicht verhaftet?". „Es tut uns leid, aber wir haben in diesem Getümmel nichts Bestimmtes gesehen. Jetzt sind die Gegendemonstranten wieder verschwunden. Da können wir leider nichts machen", sagt der Polizist achselzuckend.

Für Mäxchen ist es nicht so schlimm, daß er wieder einmal vor Gericht steht, und daß Staatsanwalt Nidung gegen Mäxchens „martialisches Erscheinungsbild", seine „offenkundige Gewaltbereitschaft und aggressionsstimulierende Wirkung durch Passivbewaffnung und Vermummung" wettert, er meint damit Mäxchens Wollschal, seinen Motoradhelm und das Kabelstück, und von den „suggestiv-militanten Effekten" durch „verbotenes Uniformtragen", der Staatsanwalt spricht von Mäxchens schwarzer Kleidung und seinen Knobelbechern. Mäxchen kann es auch nicht erschüttern, daß er wegen Verstoßes gegen das Versammlungsgesetz zu einer Gefängnisstrafe von einem Jahr verurteilt wird, die — ein letztes Mal! — zur Bewährung ausgesetzt wird. Er erträgt es auch mit Fassung, daß die PEP-Partei bei der Landtagswahl nur 1% der Stimmen erhält und daß er einem Parteiausschlußverfahren der PEP-Partei mit seinem Austritt zuvorkommt, weil die Partei mit „Schlägern wie Mäxchen" nichts zu tun haben will. Er kann es aber nicht verwinden, daß sein Kamerad Hugo Müller zusammengeschlagen worden ist, ohne daß ihn jemand schützte, daß er mehrere Tage im Krankenhaus liegen mußte, ohne daß ihm jemand Beistand oder gar Geld gab, und daß die Polizei den linken Straftäter nicht mit derselben Strenge verfolgte und bestrafte wie Mäxchen.

O liebes Mäxchen, drum rat' ich Dir: Halte Dich lieber an die Gesetze, denn Du mußt damit rechnen, daß Dich die Staatsorgane mit aller Strenge verfolgen werden! Gewöhne Dich aber gleichzeitig daran, daß dieselben Behörden Dich gegenüber linken Angriffen nicht unbedingt schützen und die linken Straftäter nicht mit demselben Eifer verfolgen wie Dich! Suche Dir also andere politische Wege, damit Du nicht als „Kanonenfutter" mißbraucht und von der Gewalt der Linken und der Macht des Staates zermahlen wirst!

Juristische Fußangeln zum Stichwort „Versammlungsrecht"

Wer an Kundgebungen, also an „öffentlichen Versammlungen", oder an Demonstrationen, also an „Aufzügen", teilnimmt oder diese veranstaltet, nimmt sein Grundrecht aus Art. 8 I GG wahr, sich friedlich und ohne Waffen versammeln zu dürfen. Er sollte aber beachten, daß auch das Grundrecht auf Versammlungsfreiheit, wie alle übrigen Grundrechte nicht schrankenlos ausgeübt werden darf, sondern durch — in diesem Falle — das Versammlungsgesetz (VersG) beschränkt wird. Die darin enthaltenen Grundrechtsschranken sind unbedingt zu beachten, andernfalls läuft der Teilnehmer oder Leiter einer öffentlichen Versammlung Gefahr, strafrechtlich verfolgt zu werden oder eine Ordnungswidrigkeit zu begehen. Außerdem sind die Ordnungsbehörden berechtigt, die gesamte Versammlung aufzulösen, d.h. zu beenden, wenn einzelne Teilnehmer Straftaten oder Ordnungswidrigkeiten begehen. Angesichts der Fülle der auftretenden Probleme können wir wieder nicht alle, sondern nur die wichtigsten Fragen behandeln. Sollten Sie, lieber Leser, noch weitere Fragen zum Stichwort „Versammlungsrecht" haben, müssen wir Sie bitten, sich an einen Rechtsanwalt zu wenden.

Bei einer öffentlichen Versammlung ist u.a. folgendes zu beachten: Es ist zum einen gemäß §§ 28, 3 I VersG strafbar, öffentlich oder in einer Versammlung Uniformen, Uniformteile oder gleichartige Kleidungsstücke als Ausdruck einer gemeinsamen politischen Gesinnung zu tragen.

Die Rechtsprechung hat es als strafbar angesehen, wenn

- eine Gruppe von Anhängern der ANS bei einer Demonstration dunkle oder schwarze Kleidung trug, also schwarze Lederjacken, schwarze Hosen, schwarze Schaftstiefel oder halbhohe

Schnürstiefel, in deren Schaft die unteren Enden der Hosenbeine steckten, sowie schwarze, dunkle oder braune Hemden, Armbinden, Totenkopfembleme und Koppel (BVfG, Beschluß vom 27.04.1982, Az. 1 BvR 1138/81, zu finden in NJW 1982, 1803),

- eine Gruppe von mehreren Angehörigen der NPD und DVU bei einer Demonstration dunkle Hosen, helle Hemden oder Pullover und schwarz-weiß-rote Armbinden trug (OLG Köln, Urteil vom 30.08.1977, Az. Ss 447/77, zu finden in MDR 1978, 76),

- neun Teilnehmer bei einer Demonstration zum Zeichen ihrer Verbundenheit mit der „Arbeiterklasse" dunkelblaue Hemden trugen, die mit zwei aufgesetzten Brusttaschen und zwei Schulterklappen versehen waren (BayObLG, Urteil vom 20.01.1987, Az. RReg 4 St 209/86, zu finden in NJW 1987, 1778 f. = NStZ 1987, 234 f.).

Die Rechtsprechung hat es dagegen als straflos angesehen, wenn Abgeordnete der FDP im Wahlkampf einen blau-gelb gefärbten Anorak trugen (LT OStA bei dem LG Konstanz, Vfg. vom 23.02.1984, Az. 11 Js 16/84, zu finden in MDR 1984, 692 f.).

Das Tragen von Uniformen usw. darf dabei nicht in der Öffentlichkeit oder in Versammlungen erfolgen. Der Begriff der Öffentlichkeit bedeutet hierbei alle Orte, die jedermann zugänglich sind, also z.B.

- Gaststätten,

- Theater,

- Sportplätze (Dietel/Gintzel, Demonstrations- und Versammlungsfreiheit 9. Aufl, 1989, § 3 Rdnr. 10).

Der Begriff der Versammlung wiederum umfaßt

- öffentliche Versammlungen, also z.B. Kundgebungen,

- Aufzüge, also z.B. Demonstrationen,

- und sogar nicht-öffentliche Versammlungen (Dietel/Gintzel aaO).

Es ist also nur straflos, Uniformen usw.

- zu besitzen und

- sie nur privat zu tragen.

Es sei darauf hingewiesen, daß das Tragen einer Uniform nach dem Versammlungsrecht nur dann strafbar ist, wenn eine gemeinsame politische Gesinnung vorliegt. Die Gerichte und Strafverfolgungsbehörden unterstellen die gemeinsame politische Gesinnung jedoch bei Auftritten von „nationalen" bzw. „rechten" Gruppen grundsätzlich und immer.

Bei einer öffentlichen Versammlung und bei einem Aufzug ist es weiterhin gemäß § 27 VersG u.a. strafbar,

- Waffen mit sich zu führen, dort hinzuschaffen, bereitzuhalten oder zu verteilen,

- Schutzwaffen mit sich zu führen, d.h. z.B. Schutzschilde, Helme, Schutzmasken, Schutzwaffen aus dem Bereich der Kampfsportarten, Motorradhelme, besondere Polsterungen und besondere Schutzkleidung(Dietel/Gintzel aaO,§17a Rdnr.11-15),

- vermummt an einer Versammlung oder einem Aufzug teilzunehmen oder dorthin vermummt zu gehen, d.h. z.B. das Gesicht mit einem Schal oder einer Wollmaske zu verhüllen,

oder es mit Farbe unkenntlich anzumalen, oder Blindheit vor-
zutäuschen oder Gipsverbände anzulegen (Dietel/ Gintzel aaO,
§ 17a Rdnr. 20-22),

- sich im Anschluß an eine öffentliche Versammlung oder an einen Aufzug zusammenzurotten und dabei Schutzwaffen oder
Waffen mit sich zu führen oder vermummt zu sein.

Bei einer öffentlichen Versammlung und bei einem Aufzug ist es
zwar nicht strafbar, stellt aber eine Ordnungswidrigkeit dar, wenn
jemand

- an einer öffentlichen Versammlung oder einem Aufzug teilnimmt, der verboten worden ist,

- nach der Auflösung einer Versammlung oder eines Aufzuges
durch die Ordnungsbehörde sich nicht unverzüglich entfernt,

- den Auflagen der Ordnungsbehörde nicht Folge leistet,

- Gegenstände mit sich führt, die der Vermummung dienen, also
z.B. Masken, Kapuzen, Schminkutensilien, Farben u.a. (Die-
tel/Gintzel aaO, § 29 Rdnr. 5).

Es ist dagegen straflos,

- Kleidungsstücke der üblichen Art, z.B. Regenmäntel, mit sich
zu führen (Dietel/Güntzel aaO, § 17 Rdnr.15),

- seine Haar- und Barttracht nur zu verändern,

- sein Gesicht mit den Händen zu verdecken (Dietel/ Gintzel
aaO, § 17a Rdnr.21).

Mäxchen und die Flugblätter

Mäxchens Heimatort soll jetzt durch ein Asylantenwohnheim bereichert werden. 200 Asylbewerber, die ihre Anerkennung als politische Flüchtlinge beantragt haben und bereit sind, dies durch mindestens zwei Gerichtsinstanzen auszufechten, sollen in die ehemalige Grundschule von Mäxchen einquartiert werden. In der Bevölkerung beginnt es zu gären. Mäxchen beschließt, dem noch etwas nachzuhelfen und die Leute vollends aufzuwecken. Er entwirft ein Flugblatt. Unter der fettgedruckten Überschrift „Neustadt den Neustädtern — Kein Asylantenwohnheim in Neustadt!" zitiert er Statistiken vom Bundesamt über die nach Deutschland gekommenen Asylantenströme, druckt Erlebnisberichte aus Nachbargemeinden ab, denen zufolge sich die Lebensqualität dort durch die Ansiedlung von Asylanten drastisch verschlechtert hat, und schließt mit der Aufforderung: „Neustädter wehrt Euch! Tretet unserer Bürgerinitiative bei!" Schwungvoll setzt Mäxchen darunter den Satz, den er schon oft unter Flugblättern gelesen hat: „ViSdP: Treuherz."

Doch dann kratzt er sich nachdenklich am Kopf und beschließt, lieber seinen Rechtsanwalt aufzusuchen und ihm den Entwurf des Flugblattes vorzulegen. Der Anwalt liest sich den Text durch, runzelt ein paar Male die Stirn, blättert in dicken Büchern und streicht dann drei Sätze. „Das war denn doch zu stark, Herr Treuherz", sagt er, „das hätte wieder eine Verurteilung wegen Volksverhetzung gegeben. Gut, daß Sie rechtzeitig zu mir gekommen sind!". „Ist es denn jetzt wirklich sicher, daß ich kein Strafverfahren an den Hals bekomme?", fragt Mäxchen mißtrauisch. „Also, Herr Treuherz, eine Garantieerklärung kann ich Ihnen nicht geben, denn bei Gerichten, und noch dazu im politischen Strafrecht, ist man nie vor

Überraschungen sicher. Aber ich glaube sagen zu dürfen, daß die Herstellung und Verbreitung Ihres Flugblattes strafrechtlich unbedenklich ist. In jedem Falle können Sie in einem Strafverfahren mein Rechtsgutachten vorlegen, denn die Einholung meines Rates ist für Sie schuldausschließend oder zumindest schuldmindernd... Aber halt, da fällt mir ein: Haben Sie auch das Impressum richtig verfaßt?" Der Rechtsanwalt vertieft sich erneut in Mäxchens Entwurf, stutzt und sagt: „O — es fehlen Namen und Anschrift des Druckers und der vollständige Name und die Anschrift von Ihnen, Herr Treuherz!" Mäxchen erblaßt. „Muß das denn sein?", fragt er und denkt mit Grausen daran, was ihm Kameraden vom Terror der Linken erzählt haben. Telefonterror war da noch das geringste Übel... „Gedruckt wird gar nicht. Die Flugblätter stellen wir selbst her, auf dem Fotokopierer unserer Bürgerinitiative. Aber es ist unmöglich, daß mein vollständiger Name und meine Anschrift auf dem Flugblatt zu lesen ist. Ich stehe ja auch im Telefonbuch, da können mich die Linken ohne weiteres ausfindig machen, wissen Sie, was dann losgeht?!". „Ich verstehe", sagt der Rechtsanwalt. „Im Impressum muß ja auch nicht der Verfasser des Flugblattes genannt werden, es kann ja auch der Verleger oder Herausgeber aufgeführt werden. Wie ist das denn mit Ihrer Bürgerinitiative? Ist sie ein richtiger, eingetragener Verein? Dann könnten wir diese angeben.". „Ja, schon", antwortet Mäxchen, „aber ist das denn erlaubt, muß im Impressum nicht ein richtiger Mensch genannt werden?" „Nein, der Verleger eines Druckwerkes kann auch eine juristische Person sein." — „Aber unsere Bürgerinitiative ist doch kein Verlag, wir üben doch kein Gewerbe aus" wendet Mäxchen ein. „Das ist rechtlich unbeachtlich. Der Verleger im Sinne des Presserechtes ist derjenige, der auf das Erscheinen und Verbreiten von Druckwerken einen bestimmenden Einfluß nimmt. Seine Tätigkeit kann dabei gewerbsmäßig oder nicht gewerbsmäßig erfolgen. Das letztere ist bei Ihrer Bürgerinitiative der Fall. Also, wir schreiben: Verlegt und hergestellt von der Bürgerinitiative 'Neustadt den Neustädtern', Humboldtstr. 1, Neustadt 1." Einige Tage später erhält Mäxchen ein vierseitiges Gutachten von seinem Rechtsanwalt und eine Rechnung. „Ganz schön teuer", denkt Mäxchen, tröstet sich dann aber damit, daß eine Geldstrafe und die Gerichtskosten noch wesentlich teurer gekommen wären...

Unterdessen gehen Mäxchens Flugblätter eifrig von Hand zu Hand. In Neustadt brodelt es mehr und mehr, Protestaktionen werden geplant und vorbereitet. Doch — wie könnte es auch anders sein — eines der Flugblätter landet natürlich auf dem Schreibtisch von niemand anderem als — Staatsanwalt Nidung. „Was haben wir denn da Schönes?" ruft der entzückt aus, „ein Flugblatt der Bürgerinitiative 'Neustadt den Neustädtern'! Da steckt doch Mäxchen Treuherz dahinter. Na, jetzt wird für ihn wohl eine Gefängnisstrafe herausspringen, aber diese Mal ohne Bewährung, hihihi!" Und mit gezücktem Bleistift macht sich Staatsanwalt Nidung gleich an die Arbeit. Seine Laune verschlechtert sich aber zusehends, und er murmelt nur noch „hm, hm". Dann blättert er in seinem Gesetzeskommentar, schlägt diesen dann aber knallend zu und zischt zähneknirschend: „Himmeldonnerwetter, da ist ja gar keine strafbare Äußerung drin!". Er springt von seinem Stuhl auf und fragt sich wutentbrannt, wie es kommt, daß Mäxchen Treuherz, der doch bisher in alle juristischen Fallen blindlings hineingetappt ist, dieses Mal um alle Fährnisse herumgeschlingert ist? Doch dann schlägt sich der Staatsanwalt an den Kopf und ruft: „Ha, ich packe ihn doch! Das Impressum! Wie konnte ich es vergessen! Das macht doch jeder dieser Hobby-Politiker falsch..." Und wieder setzt sich Staatsanwalt Nidung an seinen Schreibtisch, liest und wälzt Bücher

und murmelt und schreibt. Doch dann wird er erst knallrot und danach gelbgrünlich im Gesicht, und es bedarf dreier Zigaretten und eines Gläschens Wodka — aus dem hintersten Schreibtischwinkel hervorgekramt — bis Staatsanwalt Nidung fähig ist, nach mehreren vergeblichen Anläufen den folgenden Vermerk in die Strafakte zu schreiben: „Verfügung... Die Ermittlungen sind abgeschlossen. Das Flugblatt erfüllt keine Straftatbestände... Ordnungswidrigkeiten liegen ebenfalls nicht vor... Akte weglegen... gez. Nidung, Staatsanwalt.".

Endlich, o liebes Mäxchen, brauche ich Dir nichts mehr zu raten, denn endlich, endlich hast Du aus Deinen Fehlern gelernt und weißt nun, wie Du mit den politischen und juristischen Fußangeln umgehen mußt! Mache weiter so, und viel Glück und Erfolg für Dich!

Juristische Fußangeln zum Stichwort „Impressum"

Wer Druckwerke, also z.B. Bücher, Broschüren, Flugblätter, Tonträger, Bilddarstellungen, Musikalien, Zeitschriften, Zeitungen usw. herstellt, ist verpflichtet, darin die Verantwortlichkeiten offenzulegen. Dies hat im sogenannten „Impressum" zu geschehen. Was darin aufgeführt werden muß, regeln die Landespressegesetzte, die jeweils nur in ihrem Bundesland gelten, sich aber untereinander nur unwesentlich voneinander unterscheiden. Im folgenden sollen stellvertretend für die übrigen Landespressegesetze die Vorschriften des Hamburger Pressegesetzes (HPresseG) dargestellt werden.

Gemäß § 20 Nr. 3 HPresseG macht sich strafbar, wer als Verleger oder als verantwortlicher Redakteur eine Schrift mit strafbarem Inhalt herausgibt und dabei den Vorschriften des Impressums zuwiderhandelt.

Gemäß § 21 I Nr. 1 HPresseG macht sich zwar nicht strafbar, begeht aber eine Ordnungswidrigkeit, die mit einer Geldbuße bis zu 10000 DM geahndet werden kann, wer als Verleger oder als verantwortlicher Redakteur Druckwerke mit fehlendem oder falschem Impressum verbreitet.

Das Impressum wiederum muß gemäß § 8 HPresseG die folgenden Angaben enthalten:

- Bei allen Druckwerken muß angegeben sein der Name und die Anschrift
  - des Druckers und
  - des Verlegers bzw. des Verfassers bzw. des Her- ausgebers.
- Bei periodischen, d.h. wiederkehrend erscheinenden Druckwerken, also z.B. bei Zeitungen ist zusätzlich anzugeben der Name

91

und die Anschrift

– des verantwortlichen Redakteurs und

– des für den Anzeigenteil Verantwortlichen.

Die Angaben müssen dabei klar und eindeutig erfolgen und so genau sein, daß allein aufgrund des Impressums und ohne weitere Nachforschungen eine gerichtliche Ladung, d.h. Zustellung, erfolgen kann. Dies bedeutet für die Angabe des Namens der Verantwortlichen, daß zu nennen ist:

● der Familienname und

● der Vorname.

Es ist in der Rechtsprechung umstritten, ob der Vorname vollständig ausgeschrieben sein muß, oder ob es ausreicht, nur den Anfangsbuchstaben zu nennen, wenn eine gerichtliche Ladung möglich ist (so OLG Düsseldorf, Urteil vom 16.02.1978, Az. 2 U 89/77). Es ist weiterhin umstritten, ob im Impressum Pseudonyme angegeben werden dürfen. Früher hatte dies die Rechtsprechung verboten (Reichsgericht, Urteil vom 13.12.1895, Az. Rep 3928/95, zu finden in RGSt 28, 72 ff.). Heute meint dagegen die Wissenschaft, daß die Angabe von Pseudonymen erlaubt ist, wenn das Pseudonym dem Publikum bekannt ist, und wenn eine gerichtliche Ladung erfolgen kann (Löffler, Presserecht, 3. Aufl. 1983, § 8 LPG Rdnr. 44).

Die Angabe der Anschrift der Verantwortlichen bedeutet weiterhin die Nennung

● des Ortes,

● der Straße und

- der Hausnummer

entweder der Privatanschrift oder der Geschäftsanschrift.

Die Angabe des Postfaches soll dabei nicht erlaubt sein. Es sei aber darauf hingewiesen, daß zu dieser Frage noch keine Gerichtsentscheidung eines höheren Gerichtes bekannt ist, und daß im Gegenteil nach der Rechtsprechung eine gerichtliche Ladung bzw. Zustellung an eine Postfach-Anschrift durchaus zulässig ist (z.B. BGH, Urteil vom 09.02.1983, Az. II R 10/79, zu finden in Betriebsberater 1983, S. 1713 f.).

Es sei noch angemerkt, daß es erlaubt ist, wenn ein und dieselbe Person mehrere Verantwortungsbereiche übernimmt, sofern dies den Tatsachen entspricht. Beispielsweise ist es denkbar, daß der Verleger bzw. Herausgeber bzw. Verfasser gleichzeitig der Drucker eines Flugblattes ist.

Außerdem ist es erlaubt, daß der Drucker und der Verleger auch eine juristische Person oder eine Handelsgesellschaft sein dürfen, also ein eingetragener Verein, eine GmbH, eine OHG o.ä. Der Herausgeber, der Verfasser, der Redakteur und der für den Anzeigenteil Verantwortliche dagegen dürfen nur eine natürliche Person, also ein einzelner Mensch, sein.

Angesichts der Fülle der aufretenden Rechtsfragen und der Unterschiede in den einzelnen Bundesländern konnten wir im übrigen nicht alle, sondern nur die wichtigsten Fragen anschneiden. Sollten Sie, lieber Leser, zum Stichwort „Impressum" noch Fragen haben, müssen wir Sie bitten, sich an einen Rechtsanwalt zu wenden.

Anhang

Auszug aus dem Strafgesetzbuch
StGB

§ 86.[11] **Verbreiten von Propagandamitteln verfassungswidriger Organisationen.** (1) Wer Propagandamittel

1. einer vom Bundesverfassungsgericht für verfassungswidrig erklärten Partei oder einer Partei oder Vereinigung, von der unanfechtbar festgestellt ist, daß sie Ersatzorganisation einer solchen Partei ist,

2. einer Vereinigung, die unanfechtbar verboten ist, weil sie sich gegen die verfassungsmäßige Ordnung oder gegen den Gedanken der Völkerverständigung richtet, oder von der unanfechtbar festgestellt ist, daß sie Ersatzorganisation einer solchen verbotenen Vereinigung ist,

3. einer Regierung, Vereinigung oder Einrichtung außerhalb des räumlichen Geltungsbereichs dieses Gesetzes, die für die Zwecke einer der in den Nummern 1 und 2 bezeichneten Parteien oder Vereinigungen tätig ist, oder

4. Propagandamittel, die nach ihrem Inhalt dazu bestimmt sind, Bestrebungen einer ehemaligen nationalsozialistischen Organisation fortzusetzen,

im räumlichen Geltungsbereich dieses Gesetzes verbreitet oder zur Verbreitung innerhalb dieses Bereichs herstellt, vorrätig hält oder in diesen Bereich einführt,[12] wird mit Freiheitsstrafe bis zu drei Jahren oder mit Geldstrafe bestraft.

(2) Propagandamittel im Sinne des Absatzes 1 sind nur solche Schriften (§ 11 Abs. 3), deren Inhalt gegen die freiheitliche demokratische Grundordnung oder den Gedanken der Völkerverständigung gerichtet ist.

(3) Absatz 1 gilt nicht, wenn das Propagandamittel oder die Handlung der staatsbürgerlichen Aufklärung, der Abwehr verfassungswidriger Bestrebungen, der Kunst oder der Wissenschaft, der Forschung oder der Lehre, der Berichterstattung über Vorgänge des Zeitgeschehens oder der Geschichte oder ähnlichen Zwecken dient.

(4) Ist die Schuld gering, so kann das Gericht von einer Bestrafung nach dieser Vorschrift absehen.

§ 86a.[13] **Verwenden von Kennzeichen verfassungswidriger Organisationen.** (1) Mit Freiheitsstrafe bis zu drei Jahren oder mit Geldstrafe wird bestraft, wer

1. im räumlichen Geltungsbereich dieses Gesetzes Kennzeichen einer der in § 86 Abs. 1 Nr. 1, 2 und 4 bezeichneten Parteien und Vereinigungen verbreitet oder öffentlich, in einer Versammlung oder in von ihm verbreiteten Schriften (§ 11 Abs. 3) verwendet oder

2. Gegenstände, die derartige Kennzeichen darstellen oder enthalten, zur Verbreitung oder Verwendung in der in Nummer 1 bezeichneten Art und Weise herstellt, vorrätig hält oder in den räumlichen Geltungsbereich dieses Gesetzes einführt.

(2) Kennzeichen im Sinne des Absatzes 1 sind namentlich Fahnen, Abzeichen, Uniformstücke, Parolen und Grußformen.

(3) § 86 Abs. 3 und 4 gilt entsprechend.

§ 130. Volksverhetzung. Wer in einer Weise, die geeignet ist, den öffentlichen Frieden zu stören, die Menschenwürde anderer dadurch angreift, daß er

1. zum Haß gegen Teile der Bevölkerung aufstachelt,

2. zu Gewalt- oder Willkürmaßnahmen gegen sie auffordert oder

3. sie beschimpft, böswillig verächtlich macht oder verleumdet,

wird mit Freiheitsstrafe von drei Monaten bis zu fünf Jahren bestraft.

§ 131. Gewaltdarstellung; Aufstachelung zum Rassenhaß. (1) Wer Schriften (§ 11 Abs. 3), die zum Rassenhaß aufstacheln oder die grausame oder sonst unmenschliche Gewalttätigkeiten gegen Menschen in einer Art schildern, die eine Verherrlichung oder Verharmlosung solcher Gewalttätigkeiten ausdrückt oder die das Grausame oder Unmenschliche des Vorgangs in einer die Menschenwürde verletzenden Weise darstellt,

1. verbreitet,

2. öffentlich ausstellt, anschlägt, vorführt oder sonst zugänglich macht,

3. einer Person unter achtzehn Jahren anbietet, überläßt oder zugänglich macht oder

4. herstellt, bezieht, liefert, vorrätig hält, anbietet, ankündigt, anpreist, in den räumlichen Geltungsbereich dieses Gesetzes einzuführen oder daraus auszuführen unternimmt, um sie oder aus ihnen gewonnene Stücke im Sinne der Nummern 1 bis 3 zu verwenden oder einem anderen eine solche Verwendung zu ermöglichen,

wird mit Freiheitsstrafe bis zu einem Jahr oder mit Geldstrafe bestraft.

(2) Ebenso wird bestraft, wer eine Darbietung des in Absatz 1 bezeichneten Inhalts durch Rundfunk verbreitet.

(3) Die Absätze 1 und 2 gelten nicht, wenn die Handlung der Berichterstattung über Vorgänge des Zeitgeschehens oder der Geschichte dient.

(4) Absatz 1 Nr. 3 ist nicht anzuwenden, wenn der zur Sorge für die Person Berechtigte handelt.

§ 185. Beleidigung. Die Beleidigung wird mit Freiheitsstrafe bis zu einem Jahr oder mit Geldstrafe und, wenn die Beleidigung mittels einer Tätlichkeit begangen wird, mit Freiheitsstrafe bis zu zwei Jahren oder mit Geldstrafe bestraft.

§ 186. Üble Nachrede. Wer in Beziehung auf einen anderen eine Tatsache behauptet oder verbreitet, welche denselben verächtlich zu machen oder in der öffentlichen Meinung herabzuwürdigen geeignet ist, wird, wenn nicht diese Tatsache erweislich wahr ist, mit Freiheitsstrafe bis zu einem Jahr oder mit Geldstrafe und, wenn die Tat öffentlich oder durch Verbreiten von Schriften (§ 11 Abs. 3) begangen ist, mit Freiheitsstrafe bis zu zwei Jahren oder mit Geldstrafe bestraft.

§ 187. Verleumdung. Wer wider besseres Wissen in Beziehung auf einen anderen eine unwahre Tatsache behauptet oder verbreitet, welche denselben verächtlich zu machen oder in der öffentlichen Meinung herabzuwürdigen oder dessen Kredit zu gefährden geeignet ist, wird mit Freiheitsstrafe bis zu zwei Jahren oder mit Geldstrafe und, wenn die Tat öffentlich, in einer Versammlung oder durch Verbreiten von Schriften (§ 11 Abs. 3) begangen ist, mit Freiheitsstrafe bis zu fünf Jahren oder mit Geldstrafe bestraft.

§ 187a. Üble Nachrede und Verleumdung gegen Personen des politischen Lebens. (1) Wird gegen eine im politischen Leben des Volkes stehende Person öffentlich, in einer Versammlung oder durch Verbreiten von Schriften (§ 11 Abs. 3) eine üble Nachrede (§ 186) aus Beweggründen begangen, die mit der Stellung des Beleidigten im öffentlichen Leben zusammenhängen, und ist die Tat geeignet, sein öffentliches Wirken erheblich zu erschweren, so ist die Strafe Freiheitsstrafe von drei Monaten bis zu fünf Jahren.

(2) Eine Verleumdung (§ 187) wird unter den gleichen Voraussetzungen mit Freiheitsstrafe von sechs Monaten bis zu fünf Jahren bestraft.

§ 189. Verunglimpfung des Andenkens Verstorbener. Wer das Andenken eines Verstorbenen verunglimpft, wird mit Freiheitsstrafe bis zu zwei Jahren oder mit Geldstrafe bestraft.

§ 190. Wahrheitsbeweis durch Strafurteil. Ist die behauptete oder verbreitete Tatsache eine Straftat, so ist der Beweis der Wahrheit als erbracht anzusehen, wenn der Beleidigte wegen dieser Tat rechtskräftig verurteilt worden ist. Der Beweis der Wahrheit ist dagegen ausgeschlossen, wenn der Beleidigte vor der Behauptung oder Verbreitung rechtskräftig freigesprochen worden ist.

§ 191. *(weggefallen)*

§ 192. Beleidigung trotz Wahrheitsbeweises. Der Beweis der Wahrheit der behaupteten oder verbreiteten Tatsache schließt die Bestrafung nach § 185 nicht aus, wenn das Vorhandensein einer Beleidigung aus der Form der Behauptung oder Verbreitung oder aus den Umständen, unter welchen sie geschah, hervorgeht.

§ 193. Wahrnehmung berechtigter Interessen. Tadelnde Urteile über wissenschaftliche, künstlerische oder gewerbliche Leistungen, desgleichen Äußerungen, welche zur Ausführung oder Verteidigung von Rechten oder zur Wahrnehmung berechtigter Interessen gemacht werden, sowie Vorhaltungen und Rügen der Vorgesetzten gegen ihre Untergebenen, dienstliche Anzeigen oder Urteile von seiten eines Beamten und ähnliche Fälle sind nur insofern strafbar, als das Vorhandensein einer Beleidigung aus der Form der Äußerung oder aus den Umständen, unter welchen sie geschah, hervorgeht.

§ 194. Strafantrag. (1) Die Beleidigung wird nur auf Antrag verfolgt. Ist die Tat durch Verbreiten oder öffentliches Zugänglichmachen einer Schrift (§ 11 Abs. 3), in einer Versammlung oder durch eine Darbietung im Rundfunk begangen, so ist ein Antrag nicht erforderlich, wenn der Verletzte als Angehöriger einer Gruppe unter der nationalsozialistischen oder einer anderen Gewalt- und Willkürherrschaft verfolgt wurde, diese Gruppe Teil der Bevölkerung ist und die Beleidigung mit dieser Verfolgung zusammenhängt. Die Tat kann jedoch nicht von Amts wegen verfolgt werden, wenn der Verletzte widerspricht. Der Widerspruch kann nicht zurückgenommen werden. Stirbt der Verletzte, so gehen das Antragsrecht und das Widerspruchsrecht auf die in § 77 Abs. 2 bezeichneten Angehörigen über.

(2) Ist das Andenken eines Verstorbenen verunglimpft, so steht das Antragsrecht den in § 77 Abs. 2 bezeichneten Angehörigen zu. Ist die Tat durch Verbreiten oder öffentliches Zugänglichmachen einer Schrift (§ 11 Abs. 3), in einer Versammlung oder durch eine Darbietung im Rundfunk begangen, so ist ein Antrag nicht erforderlich, wenn der Verstorbene sein Leben als Opfer der nationalsozialistischen oder einer anderen Gewalt-

und Willkürherrschaft verloren hat und die Verunglimpfung damit zusammenhängt. Die Tat kann jedoch nicht von Amts wegen verfolgt werden, wenn ein Antragsberechtigter der Verfolgung widerspricht. Der Widerspruch kann nicht zurückgenommen werden.

(3) Ist die Beleidigung gegen einen Amtsträger, einen für den öffentlichen Dienst besonders Verpflichteten oder einen Soldaten der Bundeswehr während der Ausübung seines Dienstes oder in Beziehung auf seinen Dienst begangen, so wird sie auch auf Antrag des Dienstvorgesetzten verfolgt. Richtet sich die Tat gegen eine Behörde oder eine sonstige Stelle, die Aufgaben der öffentlichen Verwaltung wahrnimmt, so wird sie auf Antrag des Behördenleiters oder des Leiters der aufsichtführenden Behörde verfolgt. Dasselbe gilt für Träger von Ämtern und für Behörden der Kirchen und anderen Religionsgesellschaften des öffentlichen Rechts.

(4) Richtet sich die Tat gegen ein Gesetzgebungsorgan des Bundes oder eines Landes oder eine andere politische Körperschaft im räumlichen Geltungsbereich dieses Gesetzes, so wird sie nur mit Ermächtigung der betroffenen Körperschaft verfolgt.

§ 303. Sachbeschädigung. (1) Wer rechtswidrig eine fremde Sache beschädigt oder zerstört, wird mit Freiheitsstrafe bis zu zwei Jahren oder mit Geldstrafe bestraft.

(2) Der Versuch ist strafbar.

Auszug aus der Strafprozeßordnung
StPO

§ 48. [Ladung der Zeugen] Die Ladung der Zeugen geschieht unter Hinweis auf die gesetzlichen Folgen des Ausbleibens.

§ 51. [Folgen des Ausbleibens] (1) Einem ordnungsgemäß geladenen Zeugen, der nicht erscheint, werden die durch das Ausbleiben verursachten Kosten auferlegt. Zugleich wird gegen ihn ein Ordnungsgeld und für den Fall, daß dieses nicht beigetrieben werden kann, Ordnungshaft festgesetzt. Auch ist die zwangsweise Vorführung des Zeugen zulässig; § 135 gilt entsprechend. Im Falle wiederholten Ausbleibens kann das Ordnungsmittel noch einmal festgesetzt werden.

(2) Die Auferlegung der Kosten und die Festsetzung eines Ordnungsmittels unterbleiben, wenn das Ausbleiben des Zeugen rechtzeitig genügend entschuldigt wird. Erfolgt die Entschuldigung nach Satz 1 nicht rechtzeitig, so unterbleibt die Auferlegung der Kosten und die Festsetzung eines Ordnungsmittels nur dann, wenn glaubhaft gemacht wird, daß den Zeugen an der Verspätung der Entschuldigung kein Verschulden trifft. Wird der Zeuge nachträglich genügend entschuldigt, so werden die getroffenen Anordnungen unter den Voraussetzungen des Satzes 2 aufgehoben.

(3) Die Befugnis zu diesen Maßregeln steht auch dem Richter im Vorverfahren sowie dem beauftragten und ersuchten Richter zu.

§ 52. [Zeugnisverweigerungsrecht aus persönlichen Gründen]
(1) Zur Verweigerung des Zeugnisses sind berechtigt
1. der Verlobte des Beschuldigten;
2. der Ehegatte des Beschuldigten, auch wenn die Ehe nicht mehr besteht;
3. wer mit dem Beschuldigten in gerader Linie verwandt oder verschwägert, in der Seitenlinie bis zum dritten Grad verwandt oder bis zum zweiten Grad verschwägert ist oder war.

(2) Haben Minderjährige oder wegen Geisteskrankheit oder Geistesschwäche entmündigte Personen wegen mangelnder Verstandesreife oder wegen Verstandesschwäche von der Bedeutung des Zeugnisverweigerungsrechts keine genügende Vorstellung, so dürfen sie nur vernommen werden, wenn sie zur Aussage bereit sind und auch ihr gesetzlicher Vertreter der Vernehmung zustimmt. Ist der gesetzliche Vertreter selbst Beschuldigter, so kann er über die Ausübung des Zeugnisverweigerungsrechts nicht entscheiden; das gleiche gilt für den nicht beschuldigten Elternteil, wenn die gesetzliche Vertretung beiden Eltern zusteht.

(3) Die zur Verweigerung des Zeugnisses berechtigten Personen, in den Fällen des Absatzes 2 auch deren zur Entscheidung über die Ausübung des Zeugnisverweigerungsrechts befugte Vertreter, sind vor jeder Vernehmung über ihr Recht zu belehren. Sie können den Verzicht auf dieses Recht auch während der Vernehmung widerrufen.

§ 53. [Zeugnisverweigerungsrecht aus beruflichen Gründen]

(1) Zur Verweigerung des Zeugnisses sind ferner berechtigt

1. Geistliche über das, was ihnen in ihrer Eigenschaft als Seelsorger anvertraut worden oder bekanntgeworden ist;

2. Verteidiger des Beschuldigten über das, was ihnen in dieser Eigenschaft anvertraut worden oder bekanntgeworden ist;

3. Rechtsanwälte, Patentanwälte, Notare, Wirtschaftsprüfer, vereidigte Buchprüfer, Steuerberater und Steuerbevollmächtigte, Ärzte, Zahnärzte, Apotheker und Hebammen über das, was ihnen in dieser Eigenschaft anvertraut worden oder bekanntgeworden ist;

3a. Mitglieder oder Beauftragte einer anerkannten Beratungsstelle nach § 218b Abs. 2 Nr. 1 des Strafgesetzbuches über das, was ihnen in dieser Eigenschaft anvertraut worden oder bekanntgeworden ist;

4. Mitglieder des Bundestages, eines Landtages oder einer zweiten Kammer über Personen, die ihnen in ihrer Eigenschaft als Mitglieder dieser Organe oder denen sie in dieser Eigenschaft Tatsachen anvertraut haben sowie über diese Tatsachen selbst;

5. Personen, die bei der Vorbereitung, Herstellung oder Verbreitung von periodischen Druckwerken oder Rundfunksendungen berufsmäßig mitwirken oder mitgewirkt haben, über die Person des Verfassers, Einsenders oder Gewährsmanns von Beiträgen und Unterlagen sowie über die ihnen im Hinblick auf ihre Tätigkeit gemachten Mitteilungen, soweit es sich um Beiträge, Unterlagen und Mitteilungen für den redaktionellen Teil handelt.

(2) Die in Absatz 1 Nr. 2 bis 3a Genannten dürfen das Zeugnis nicht verweigern, wenn sie von der Verpflichtung zur Verschwiegenheit entbunden sind.

§ 53a. [Zeugnisverweigerungsrecht der Berufshelfer]

(1) Den in § 53 Abs. 1 Nr. 1 bis 4 Genannten stehen ihre Gehilfen und die Personen gleich, die zur Vorbereitung auf den Beruf an der berufsmäßigen Tätigkeit teilnehmen. Über die Ausübung des Rechtes dieser Hilfspersonen, das Zeugnis zu verweigern, entscheiden die in § 53 Abs. 1 Nr. 1 bis 4 Genannten, es sei denn, daß diese Entscheidung in absehbarer Zeit nicht herbeigeführt werden kann.

(2) Die Entbindung von der Verpflichtung zur Verschwiegenheit (§ 53 Abs. 2) gilt auch für die Hilfspersonen.

§ 55. [Auskunftsverweigerungsrecht]

(1) Jeder Zeuge kann die Auskunft auf solche Fragen verweigern, deren Beantwortung ihm selbst oder einem der in § 52 Abs. 1 bezeichneten Angehörigen die Gefahr zuziehen würde, wegen einer Straftat oder einer Ordnungswidrigkeit verfolgt zu werden.

(2) Der Zeuge ist über sein Recht zur Verweigerung der Auskunft zu belehren.

§ 56. [Glaubhaftmachung des Verweigerungsgrundes] Die Tatsache, auf die der Zeuge die Verweigerung des Zeugnisses in den Fällen der §§ 52, 53 und 55 stützt, ist auf Verlangen glaubhaft zu machen. Es genügt die eidliche Versicherung des Zeugen.

§ 57. [Zeugenbelehrung] Vor der Vernehmung sind die Zeugen zur Wahrheit zu ermahnen und darauf hinzuweisen, daß sie ihre Aussage zu beeidigen haben, wenn keine im Gesetz bestimmte oder zugelassene Ausnahme vorliegt. Hierbei sind sie über die Bedeutung des Eides, die Möglichkeit der Wahl zwischen dem Eid mit religiöser oder ohne religiöse Beteuerung sowie über die strafrechtlichen Folgen einer unrichtigen oder unvollständigen Aussage zu belehren.

§ 58. [Vernehmung; Gegenüberstellung] (1) Die Zeugen sind einzeln und in Abwesenheit der später zu hörenden Zeugen zu vernehmen.

(2) Eine Gegenüberstellung mit anderen Zeugen oder mit dem Beschuldigten im Vorverfahren ist zulässig, wenn es für das weitere Verfahren geboten erscheint.

§ 68. [Vernehmung zur Person] Die Vernehmung beginnt damit, daß der Zeuge über Vornamen und Zunamen, Alter, Stand oder Gewerbe und Wohnort befragt wird. Besteht Anlaß zu der Besorgnis, daß durch die Angabe des Wohnortes in der Hauptverhandlung der Zeuge oder eine andere Person gefährdet wird, so kann der Vorsitzende dem Zeugen gestatten, seinen Wohnort nicht anzugeben. Erforderlichenfalls sind dem Zeugen Fragen über solche Umstände, die seine Glaubwürdigkeit in der vorliegenden Sache betreffen, insbesondere über seine Beziehungen zu dem Beschuldigten oder dem Verletzten, vorzulegen.

§ 68a. [Fragen nach entehrenden Tatsachen und Vorstrafen] (1) Fragen nach Tatsachen, die dem Zeugen oder einer Person, die im Sinne des § 52 Abs. 1 sein Angehöriger ist, zur Unehre gereichen können oder deren persönlichen Lebensbereich betreffen, sollen nur gestellt werden, wenn es unerläßlich ist.

(2) Der Zeuge soll nach Vorstrafen nur gefragt werden, wenn ihre Feststellung notwendig ist, um über das Vorliegen der Voraussetzungen des § 60 Nr. 2 oder des § 61 Nr. 4 zu entscheiden oder um seine Glaubwürdigkeit zu beurteilen.

§ 69. [Vernehmung zur Sache] (1) Der Zeuge ist zu veranlassen, das, was ihm von dem Gegenstand seiner Vernehmung bekannt ist, im Zusammenhang anzugeben. Vor seiner Vernehmung ist dem Zeugen der Gegenstand der Untersuchung und die Person des Beschuldigten, sofern ein solcher vorhanden ist, zu bezeichnen.

(2) Zur Aufklärung und zur Vervollständigung der Aussage sowie zur Erforschung des Grundes, auf dem das Wissen des Zeugen beruht, sind nötigenfalls weitere Fragen zu stellen.

(3) Die Vorschrift des § 136a gilt für die Vernehmung des Zeugen entsprechend.

§ 70. [Grundlose Zeugnis- oder Eidesverweigerung] (1) Wird das Zeugnis oder die Eidesleistung ohne gesetzlichen Grund verweigert, so werden dem Zeugen die durch die Weigerung verursachten Kosten auferlegt. Zugleich wird gegen ihn ein Ordnungsgeld und für den Fall, daß dieses nicht beigetrieben werden kann, Ordnungshaft festgesetzt.

(2) Auch kann zur Erzwingung des Zeugnisses die Haft angeordnet werden, jedoch nicht über die Zeit der Beendigung des Verfahrens in dem Rechtszug, auch nicht über die Zeit von sechs Monaten hinaus.

(3) Die Befugnis zu diesen Maßregeln steht auch dem Richter im Vorverfahren sowie dem beauftragten und ersuchten Richter zu.

(4) Sind die Maßregeln erschöpft, so können sie in demselben oder in einem anderen Verfahren, das dieselbe Tat zum Gegenstand hat, nicht wiederholt werden.

§ 71. [Zeugenentschädigung] Der Zeuge wird nach dem Gesetz über die Entschädigung von Zeugen und Sachverständigen entschädigt.

§ 102. [Durchsuchung beim Verdächtigen] Bei dem, welcher als Täter oder Teilnehmer einer Straftat oder der Begünstigung, Strafvereitelung oder Hehlerei verdächtig ist, kann eine Durchsuchung der Wohnung und anderer Räume sowie seiner Person und der ihm gehörenden Sachen sowohl zum Zweck seiner Ergreifung als auch dann vorgenommen werden, wenn zu vermuten ist, daß die Durchsuchung zur Auffindung von Beweismitteln führen werde.

§ 103. [Durchsuchung bei anderen Personen] (1) Bei anderen Personen sind Durchsuchungen nur zur Ergreifung des Beschuldigten oder zur Verfolgung von Spuren einer Straftat oder zur Beschlagnahme bestimmter Gegenstände und nur dann zulässig, wenn Tatsachen vorliegen, aus denen zu schließen ist, daß die gesuchte Person, Spur oder Sache sich in den zu durchsuchenden Räumen befindet. Zum Zwecke der Ergreifung eines Beschuldigten, der dringend verdächtig ist, eine Straftat nach § 129a des Strafgesetzbuches oder eine der in dieser Vorschrift bezeichneten Straftaten begangen zu haben, ist eine Durchsuchung von Wohnungen und anderen Räumen auch zulässig, wenn diese sich in einem Gebäude befinden, von dem auf Grund von Tatsachen anzunehmen ist, daß sich der Beschuldigte in ihm aufhält.

(2) Die Beschränkungen des Absatzes 1 Satz 1 gelten nicht für Räume, in denen der Beschuldigte ergriffen worden ist oder die er während der Verfolgung betreten hat.

§ 104. [Nächtliche Haussuchung] (1) Zur Nachtzeit dürfen die Wohnung, die Geschäftsräume und das befriedete Besitztum nur bei Verfolgung auf frischer Tat oder bei Gefahr im Verzug oder dann durchsucht werden, wenn es sich um die Wiederergreifung eines entwichenen Gefangenen handelt.

(2) Diese Beschränkung gilt nicht für Räume, die zur Nachtzeit jedermann zugänglich oder die der Polizei als Herbergen oder Versammlungsorte bestrafter Personen, als Niederlagen von Sachen, die mittels Straftaten erlangt sind, oder als Schlupfwinkel des Glücksspiels, des unerlaubten Betäubungsmittel- und Waffenhandels oder der Prostitution bekannt sind.

(3) Die Nachtzeit umfaßt in dem Zeitraum vom ersten April bis dreißigsten September die Stunden von neun Uhr abends bis vier Uhr morgens und in dem Zeitraum vom ersten Oktober bis einunddreißigsten März die Stunden von neun Uhr abends bis sechs Uhr morgens.

§ 105. [Anordnung; Ausführung] (1) Durchsuchungen dürfen nur durch den Richter, bei Gefahr im Verzug auch durch die Staatsanwaltschaft und ihre Hilfsbeamten (§ 152 des Gerichtsverfassungsgesetzes) angeordnet werden. Durchsuchungen nach § 103 Abs. 1 Satz 2 ordnet der Richter an; die Staatsanwaltschaft ist hierzu befugt, wenn Gefahr im Verzug ist.

(2) Wenn eine Durchsuchung der Wohnung, der Geschäftsräume oder des befriedeten Besitztums ohne Beisein des Richters oder des Staatsanwalts stattfindet, so sind, wenn möglich, ein Gemeindebeamter oder zwei Mitglieder der Gemeinde, in deren Bezirk die Durchsuchung erfolgt, zuzuziehen. Die als Gemeindemitglieder zugezogenen Personen dürfen nicht Polizeibeamte oder Hilfsbeamte der Staatsanwaltschaft sein.

(3)[1] Wird eine Durchsuchung in einem Dienstgebäude oder einer nicht allgemein zugänglichen Einrichtung oder Anlage der Bundeswehr erforderlich, so wird die vorgesetzte Dienststelle der Bundeswehr um ihre Durchführung ersucht. Die ersuchende Stelle ist zur Mitwirkung berechtigt. Des Ersuchens bedarf es nicht, wenn die Durchsuchung von Räumen vorzunehmen ist, die ausschließlich von anderen Personen als Soldaten bewohnt werden.

§ 106. [Zuziehung des Inhabers] (1) Der Inhaber der zu durchsuchenden Räume oder Gegenstände darf der Durchsuchung beiwohnen. Ist er abwesend, so ist, wenn möglich, sein Vertreter oder ein erwachsener Angehöriger, Hausgenosse oder Nachbar zuzuziehen.

(2) Dem Inhaber oder der in dessen Abwesenheit zugezogenen Person ist in den Fällen des § 103 Abs. 1 der Zweck der Durchsuchung vor deren Beginn bekanntzumachen. Diese Vorschrift gilt nicht für die Inhaber der in § 104 Abs. 2 bezeichneten Räume.

§ 107. [Mitteilung, Verzeichnis] Dem von der Durchsuchung Betroffenen ist nach deren Beendigung auf Verlangen eine schriftliche Mitteilung zu machen, die den Grund der Durchsuchung (§§ 102, 103) sowie im Falle des § 102 die Straftat bezeichnen muß. Auch ist ihm auf Verlangen ein Verzeichnis der in Verwahrung oder in Beschlag genommenen Gegenstände, falls aber nichts Verdächtiges gefunden wird, eine Bescheinigung hierüber zu geben.

§ 108. [Beschlagnahme anderer Gegenstände] Werden bei Gelegenheit einer Durchsuchung Gegenstände gefunden, die zwar in keiner Beziehung zu der Untersuchung stehen, aber auf die Verübung einer anderen Straftat hindeuten, so sind sie einstweilen in Beschlag zu nehmen. Der Staatsanwaltschaft ist hiervon Kenntnis zu geben. Satz 1 findet keine Anwendung, soweit eine Durchsuchung nach § 103 Abs. 1 Satz 2 stattfindet.

§ 109. [Kennzeichnung beschlagnahmter Gegenstände] Die in Verwahrung oder in Beschlag genommenen Gegenstände sind genau zu verzeichnen und zur Verhütung von Verwechslungen durch amtliche Siegel oder in sonst geeigneter Weise kenntlich zu machen.

§ 110. [Durchsicht von Papieren] (1) Die Durchsicht der Papiere des von der Durchsuchung Betroffenen steht der Staatsanwaltschaft zu.

(2) Andere Beamte sind zur Durchsicht der aufgefundenen Papiere nur dann befugt, wenn der Inhaber die Durchsicht genehmigt. Andernfalls haben sie die Papiere, deren Durchsicht sie für geboten erachten, in einem Umschlag, der in Gegenwart des Inhabers mit dem Amtssiegel zu verschließen ist, an die Staatsanwaltschaft abzuliefern.

(3) Dem Inhaber der Papiere oder dessen Vertreter ist die Beidrückung seines Siegels gestattet; auch ist er, falls demnächst die Entsiegelung und Durchsicht der Papiere angeordnet wird, wenn möglich, zur Teilnahme aufzufordern.

§ 133. [Schriftliche Ladung] (1) Der Beschuldigte ist zur Vernehmung schriftlich zu laden.

(2) Die Ladung kann unter der Androhung geschehen, daß im Falle des Ausbleibens seine Vorführung erfolgen werde.

§ 134. [Vorführung] (1) Die sofortige Vorführung des Beschuldigten kann verfügt werden, wenn Gründe vorliegen, die den Erlaß eines Haftbefehls rechtfertigen würden.

(2) In dem Vorführungsbefehl ist der Beschuldigte genau zu bezeichnen und die ihm zur Last gelegte Straftat sowie der Grund der Vorführung anzugeben.

§ 135. [Sofortige Vernehmung] Der Beschuldigte ist unverzüglich dem Richter vorzuführen und von diesem zu vernehmen. Er darf auf Grund des Vorführungsbefehls nicht länger festgehalten werden als bis zum Ende des Tages, der dem Beginn der Vorführung folgt.

§ 136. [Erste Vernehmung] (1) Bei Beginn der ersten Vernehmung ist dem Beschuldigten zu eröffnen, welche Tat ihm zur Last gelegt wird und welche Strafvorschriften in Betracht kommen. Er ist darauf hinzuweisen, daß es ihm nach dem Gesetz freistehe, sich zu der Beschuldigung zu äußern oder nicht zur Sache auszusagen und jederzeit, auch schon vor seiner Vernehmung, einen von ihm zu wählenden Verteidiger zu befragen. Er ist ferner darüber zu belehren, daß er zu seiner Entlastung einzelne Beweiserhebungen beantragen kann. In geeigneten Fällen soll der Beschuldigte auch darauf hingewiesen werden, daß er sich schriftlich äußern kann.

(2) Die Vernehmung soll dem Beschuldigten Gelegenheit geben, die gegen ihn vorliegenden Verdachtsgründe zu beseitigen und die zu seinen Gunsten sprechenden Tatsachen geltend zu machen.

(3) Bei der ersten Vernehmung des Beschuldigten ist zugleich auf die Ermittlung seiner persönlichen Verhältnisse Bedacht zu nehmen.

§ 136 a. [Verbotene Vernehmungsmethoden] (1) Die Freiheit der Willensentschließung und der Willensbetätigung des Beschuldigten darf nicht beeinträchtigt werden durch Mißhandlung, durch Ermüdung, durch körperlichen Eingriff, durch Verabreichung von Mitteln, durch

Quälerei, durch Täuschung oder durch Hypnose. Zwang darf nur angewandt werden, soweit das Strafverfahrensrecht dies zuläßt. Die Drohung mit einer nach seinen Vorschriften unzulässigen Maßnahme und das Versprechen eines gesetzlich nicht vorgesehenen Vorteils sind verboten.

(2) Maßnahmen, die das Erinnerungsvermögen oder die Einsichtsfähigkeit des Beschuldigten beeinträchtigen, sind nicht gestattet.

(3) Das Verbot der Absätze 1 und 2 gilt ohne Rücksicht auf die Einwilligung des Beschuldigten. Aussagen, die unter Verletzung dieses Verbots zustande gekommen sind, dürfen auch dann nicht verwertet werden, wenn der Beschuldigte der Verwertung zustimmt.

§ 161a. [Zeugen und Sachverständige vor der Staatsanwaltschaft]

(1) Zeugen und Sachverständige sind verpflichtet, auf Ladung vor der Staatsanwaltschaft zu erscheinen und zur Sache auszusagen oder ihr Gutachten zu erstatten. Soweit nichts anderes bestimmt ist, gelten die Vorschriften des sechsten und siebenten Abschnitts des ersten Buches über Zeugen und Sachverständige entsprechend. Die eidliche Vernehmung bleibt dem Richter vorbehalten.

(2) Bei unberechtigtem Ausbleiben oder unberechtigter Weigerung eines Zeugen oder Sachverständigen steht die Befugnis zu den in den §§ 51, 70 und 77 vorgesehenen Maßregeln der Staatsanwaltschaft zu. Jedoch bleibt die Festsetzung der Haft dem Richter vorbehalten; zuständig ist das Amtsgericht, in dessen Bezirk die Staatsanwaltschaft ihren Sitz hat, welche die Festsetzung beantragt.

(3) Gegen die Entscheidung der Staatsanwaltschaft nach Absatz 2 Satz 1 kann gerichtliche Entscheidung beantragt werden. Über den Antrag entscheidet, soweit nicht in § 120 Abs. 3 Satz 1 und § 135 Abs. 2 des Gerichtsverfassungsgesetzes etwas anderes bestimmt ist, das Landgericht, in dessen Bezirk die Staatsanwaltschaft ihren Sitz hat. Die §§ 297 bis 300, 302, 306 bis 309, 311a sowie die Vorschriften über die Auferlegung der Kosten des Beschwerdeverfahrens gelten entsprechend. Die Entscheidung des Gerichts ist nicht anfechtbar.

(4) Ersucht eine Staatsanwaltschaft eine andere Staatsanwaltschaft um die Vernehmung eines Zeugen oder Sachverständigen, so stehen die Befugnisse nach Absatz 2 Satz 1 auch der ersuchten Staatsanwaltschaft zu.

§ 163a. [Vernehmung des Beschuldigten]

(1) Der Beschuldigte ist spätestens vor dem Abschluß der Ermittlungen zu vernehmen, es sei denn, daß das Verfahren zur Einstellung führt. In einfachen Sachen genügt es, daß ihm Gelegenheit gegeben wird, sich schriftlich zu äußern.

(2) Beantragt der Beschuldigte zu seiner Entlastung die Aufnahme von Beweisen, so sind sie zu erheben, wenn sie von Bedeutung sind.

(3) Der Beschuldigte ist verpflichtet, auf Ladung vor der Staatsanwaltschaft zu erscheinen. Die §§ 133 bis 136a und 168c Abs. 1 und 5 gelten entsprechend. Über die Rechtmäßigkeit der Vorführung entscheidet auf Antrag des Beschuldigten das Gericht; § 161a Abs. 3 Satz 2 bis 4 ist anzuwenden.

(4) Bei der ersten Vernehmung des Beschuldigten durch Beamte des Polizeidienstes ist dem Beschuldigten zu eröffnen, welche Tat ihm zur Last gelegt wird. Im übrigen sind bei der Vernehmung des Beschuldigten durch Beamte des Polizeidienstes § 136 Abs. 1 Satz 2 bis 4, Abs. 2, 3 und § 136a anzuwenden.

(5) Bei der Vernehmung eines Zeugen oder Sachverständigen durch Beamte des Polizeidienstes sind § 52 Abs. 3, § 55 Abs. 2 und § 81c Abs. 3 Satz 2 in Verbindung mit § 52 Abs. 3 und § 136a entsprechend anzuwenden.

§ 163b. [Feststellung der Identität] (1) Ist jemand einer Straftat verdächtig, so können die Staatsanwaltschaft und die Beamten des Polizeidienstes die zur Feststellung seiner Identität erforderlichen Maßnahmen treffen; § 163a Abs. 4 Satz 1 gilt entsprechend. Der Verdächtige darf festgehalten werden, wenn die Identität sonst nicht oder nur unter erheblichen Schwierigkeiten festgestellt werden kann. Unter den Voraussetzungen von Satz 2 sind auch die Durchsuchung der Person des Verdächtigen und der von ihm mitgeführten Sachen sowie die Durchführung erkennungsdienstlicher Maßnahmen zulässig.

(2) Wenn und soweit dies zur Aufklärung einer Straftat geboten ist, kann auch die Identität einer Person festgestellt werden, die einer Straftat nicht verdächtig ist; § 69 Abs. 1 Satz 2 gilt entsprechend. Maßnahmen der in Absatz 1 Satz 2 bezeichneten Art dürfen nicht getroffen werden, wenn sie zur Bedeutung der Sache außer Verhältnis stehen; Maßnahmen der in Absatz 1 Satz 3 bezeichneten Art dürfen nicht gegen den Willen der betroffenen Person getroffen werden.

§ 163c. [Dauer des Festhaltens. Richterliche Überprüfung] (1) Eine von einer Maßnahme nach § 163b betroffene Person darf in keinem Fall länger als zur Feststellung ihrer Identität unerläßlich festgehalten werden. Die festgehaltene Person ist unverzüglich dem Richter bei dem Amtsgericht, in dessen Bezirk sie ergriffen worden ist, zum Zwecke der Entscheidung über Zulässigkeit und Fortdauer der Freiheitsentziehung vorzuführen, es sei denn, daß die Herbeiführung der richterlichen Entscheidung voraussichtlich längere Zeit in Anspruch nehmen würde, als zur Feststellung der Identität notwendig wäre.

(2) Die festgehaltene Person hat ein Recht darauf, daß ein Angehöriger oder eine Person ihres Vertrauens unverzüglich benachrichtigt wird. Ihr ist Gelegenheit zu geben, einen Angehörigen oder eine Person ihres Vertrauens zu benachrichtigen, es sei denn, daß sie einer Straftat verdächtig ist und der Zweck der Untersuchung durch die Benachrichtigung gefährdet würde.

(3) Eine Freiheitsentziehung zum Zwecke der Feststellung der Identität darf die Dauer von insgesamt zwölf Stunden nicht überschreiten.

(4) Ist die Identität festgestellt, so sind in den Fällen des § 163b Abs. 2 die im Zusammenhang mit der Feststellung angefallenen Unterlagen zu vernichten.

Auszug aus dem Gesetz über die Verbreitung jugendgefährdender Schriften
GjS

§ 1. [Aufnahme gefährdender Schriften in eine Liste] (1) Schriften, die geeignet sind, Kinder oder Jugendliche sittlich zu gefährden, sind in eine Liste aufzunehmen. Dazu zählen vor allem unsittliche, verrohend wirkende, zu Gewalttätigkeit, Verbrechen oder Rassenhaß anreizende sowie den Krieg verherrlichende Schriften. Die Aufnahme ist bekanntzumachen.

(2) Eine Schrift darf nicht in die Liste aufgenommen werden

1. allein wegen ihres politischen, sozialen, religiösen oder weltanschaulichen Inhalts;
2. wenn sie der Kunst oder der Wissenschaft, der Forschung oder der Lehre dient;
3. wenn sie im öffentlichen Interesse liegt, es sei denn, daß die Art der Darstellung zu beanstanden ist.

(3) Den Schriften stehen Ton- und Bildträger, Abbildungen und andere Darstellungen gleich.

(4) Kind im Sinne des Gesetzes ist, wer noch nicht vierzehn, Jugendlicher, wer vierzehn, aber noch nicht achtzehn Jahre alt ist.

§ 2. [Bagatellfälle] In Fällen von geringer Bedeutung kann davon abgesehen werden, die Schrift in die Liste aufzunehmen.

§ 3. [Verbreitungsverbot an Kinder und Jugendliche] Eine Schrift, deren Aufnahme in die Liste bekanntgemacht ist, darf nicht

1. einem Kind oder Jugendlichen angeboten, überlassen oder zugänglich gemacht werden,
2. an einem Ort, der Kindern oder Jugendlichen zugänglich ist oder von ihnen eingesehen werden kann, ausgestellt, angeschlagen, vorgeführt oder sonst zugänglich gemacht werden,
3. im Wege gewerblicher Vermietung oder vergleichbarer gewerblicher Gewährung des Gebrauchs, ausgenommen in Ladengeschäften, die Kindern und Jugendlichen nicht zugänglich sind und von ihnen nicht eingesehen werden können, einem anderen angeboten oder überlassen werden.

(2) Absatz 1 Nr. 3 gilt nicht, wenn die Handlung im Geschäftsverkehr mit gewerblichen Entleihern erfolgt.

§ 4. [Verbreitungsverbot außerhalb von Geschäftsräumen] (1) Eine Schrift, deren Aufnahme in die Liste bekanntgemacht ist, darf nicht

1. im Einzelhandel außerhalb von Geschäftsräumen,
2. in Kiosken oder anderen Verkaufsstellen, die der Kunde nicht zu betreten pflegt,
3. im Versandhandel oder
4. in gewerblichen Leihbüchereien oder Lesezirkeln

vertrieben, verbreitet oder verliehen oder zu diesen Zwecken vorrätig gehalten werden.

(2) Verleger und Zwischenhändler dürfen eine solche Schrift nicht an Personen liefern, soweit diese einen Handel nach Absatz 1 Nr. 1 betreiben oder Inhaber von Betrieben der in Absatz 1 Nr. 2 bis 4 bezeichneten Art sind. Soweit die Lieferung erfolgen darf, haben Verleger, Zwischenhändler und Personen, die Schriften in den räumlichen Geltungsbereich dieses Gesetzes einführen, ihre Abnehmer auf die Vertriebsbeschränkungen hinzuweisen.

(3) Eine Schrift, deren Aufnahme in die Liste bekanntgemacht ist, darf nicht im Wege des Versandhandels in den räumlichen Geltungsbereich dieses Gesetzes eingeführt werden.

§ 5. [Beschränkung der Werbung] (1) Bei geschäftlicher Werbung darf nicht darauf hingewiesen werden, daß ein Verfahren zur Aufnahme einer Schrift in die Liste anhängig ist oder gewesen ist.

(2) Eine Schrift, deren Aufnahme in die Liste bekanntgemacht ist, darf nicht öffentlich oder durch Verbreiten von Schriften angeboten, angekündigt oder angepriesen werden.

(3) Absatz 2 gilt nicht für den Geschäftsverkehr mit dem einschlägigen Handel sowie für Handlungen an Orten, die Kindern oder Jugendlichen nicht zugänglich sind und von ihnen nicht eingesehen werden können.

§ 6. [Schwer gefährdende Schriften] Den Beschränkungen der §§ 3 bis 5 unterliegen, ohne daß es einer Aufnahme in die Liste und einer Bekanntmachung bedarf,

1. Schriften, die zum Rassenhaß aufstacheln oder die grausame oder sonst unmenschliche Gewalttätigkeiten gegen Menschen in einer Art schildern, die eine Verherrlichung oder Verharmlosung solcher Gewalttätigkeiten ausdrückt oder die das Grausame oder Unmenschliche des Vorganges in einer die Menschenwürde verletzenden Weise darstellt (§ 131 des Strafgesetzbuches).
2. pornographische Schriften (§ 184 des Strafgesetzbuches),
3. sonstige Schriften, die offensichtlich geeignet sind, Kinder oder Jugendliche sittlich schwer zu gefährden.

§ 7. [Aufnahme periodischer Schriften] Eine periodische Druckschrift kann auf die Dauer von drei bis zwölf Monaten in die Liste aufgenommen werden, wenn innerhalb von zwölf Monaten mehr als zwei ihrer Nummern in die Liste aufgenommen worden sind. Dies gilt nicht für Tageszeitungen und politische Zeitschriften.

108

§ 21. [Strafen, Maßnahmen gegen Kinder oder Jugendliche]

(1) Wer eine Schrift, deren Aufnahme in die Liste bekanntgemacht ist, oder eine der in § 6 bezeichneten Schriften

1. entgegen § 3 Abs. 1 Nr. 1 einem Kind oder Jugendlichen anbietet, überläßt oder zugänglich macht,
2. entgegen § 3 Abs. 1 Nr. 2 an den dort bezeichneten Orten ausstellt, anschlägt, vorführt oder sonst zugänglich macht,
3. entgegen § 3 Abs. 1 Nr. 3 im Wege gewerblicher Vermietung oder vergleichbarer gewerblicher Gewährung des Gebrauchs einem anderen anbietet oder überläßt,
4. entgegen § 4 Abs. 1 in den dort bezeichneten Fällen vertreibt, verbreitet, verleiht oder vorrätig hält,
5. entgegen § 4 Abs. 2 Satz 1 an die dort bezeichneten Personen liefert,
6. entgegen § 4 Abs. 3 einzuführen unternimmt oder
7. entgegen § 5 Abs. 2 anbietet, ankündigt oder anpreist,

wird mit Freiheitsstrafe bis zu einem Jahr oder mit Geldstrafe bestraft.

(2) Ebenso wird bestraft, wer

1. entgegen § 5 Abs. 1 geschäftlich wirbt oder
2. die Liste zum Zwecke der geschäftlichen Werbung abdruckt oder veröffentlicht.

(3) Handelt der Täter fahrlässig, so ist die Strafe Freiheitsstrafe bis zu sechs Monaten oder Geldstrafe bis zu einhundertachtzig Tagessätzen.

(4) Die Absätze 1 bis 3 sind nicht anzuwenden, wenn der zur Sorge für die Person Berechtigte die Schrift einem Kind oder Jugendlichen anbietet, überläßt oder zugänglich macht.

(5) Das Gericht kann von einer Bestrafung nach den Absätzen 1 bis 3 absehen, wenn der Täter, der die Schrift einem Kind oder Jugendlichen angeboten, überlassen oder zugänglich gemacht hat, ein Jugendlicher oder ein Angehöriger im Sinne des § 11 Abs. 1 Nr. 1 des Strafgesetzbuches ist.

(6) Hat ein Kind oder Jugendlicher die Schrift einem anderen Kind oder Jugendlichen angeboten, überlassen oder zugänglich gemacht, so leitet das Jugendamt die auf Grund der bestehenden Vorschriften zulässigen Maßnahmen ein. Der Vormundschaftsrichter kann auf Antrag des Jugendamtes oder von Amts wegen Weisungen erteilen.

§ 21a. [Ordnungswidrigkeiten]
(1) Ordnungswidrig handelt, wer vorsätzlich oder fahrlässig entgegen § 4 Abs. 2 Satz 2 einen Abnehmer nicht auf die Vertriebsbeschränkungen hinweist.

(2) Die Ordnungswidrigkeit kann mit einer Geldbuße bis zu dreißigtausend Deutsche Mark geahndet werden.

Auszug aus dem Gesetz über Versammlungen und Aufzüge
VersG

§ 3 [Uniformverbot] (1) Es ist verboten, öffentlich oder in einer Versammlung Uniformen, Uniformteile oder gleichartige Kleidungsstücke als Ausdruck einer gemeinsamen politischen Gesinnung zu tragen.

(2) Jugendverbänden, die sich vorwiegend der Jugendpflege widmen, ist auf Antrag für ihre Mitglieder eine Ausnahmegenehmigung von dem Verbot des Absatzes 1 zu erteilen. Zuständig ist bei Jugendverbänden, deren erkennbare Organisation oder Tätigkeit sich über das Gebiet eines Landes hinaus erstreckt, der Bundesminister des Innern, sonst die oberste Landesbehörde. Die Entscheidung des Bundesministers des Innern ist im Bundesanzeiger und im Gemeinsamen Ministerialblatt, die der obersten Landesbehörden in ihren amtlichen Mitteilungsblättern bekanntzumachen.

§ 9 [Ordner] (1) Der Leiter kann sich bei der Durchführung seiner Rechte aus § 8 der Hilfe einer angemessenen Zahl ehrenamtlicher Ordner bedienen. Diese dürfen keine Waffen oder sonstigen Gegenstände im Sinne von § 2 Abs. 3 mit sich führen, müssen volljährig und ausschließlich durch weiße Armbinden, die nur die Bezeichnung „Ordner" tragen dürfen, kenntlich sein.

(2) Der Leiter ist verpflichtet, die Zahl der von ihm bestellten Ordner der Polizei auf Anfordern mitzuteilen. Die Polizei kann die Zahl der Ordner angemessen beschränken.

§ 17a [Schutzwaffenverbot, Vermummungsverbot] (1) Es ist verboten, bei öffentlichen Versammlungen unter freiem Himmel, Aufzügen oder sonstigen öffentlichen Veranstaltungen unter freiem Himmel oder auf dem Weg dorthin Schutzwaffen oder Gegenstände, die als Schutzwaffen geeignet und den Umständen nach dazu bestimmt sind, Vollstreckungsmaßnahmen eines Trägers von Hoheitsbefugnissen abzuwehren, mit sich zu führen.

(2) Es ist auch verboten

1. an derartigen Veranstaltungen in einer Aufmachung, die geeignet und den Umständen nach darauf gerichtet ist, die Feststellung der Identität zu verhindern, teilzunehmen oder den Weg zu derartigen Veranstaltungen in einer solchen Aufmachung zurückzulegen,

2. bei derartigen Veranstaltungen oder auf dem Weg dorthin Gegenstände mit sich zu führen, die geeignet und den Umständen nach dazu bestimmt sind, die Feststellung der Identität zu verhindern.

(3) Die Absätze 1 und 2 gelten nicht, wenn es sich um Veranstaltungen im Sinne des § 17 handelt. Die zuständige Behörde kann weitere Ausnahmen von den Verboten der Absätze 1 und 2 zulassen, wenn eine Gefährdung der öffentlichen Sicherheit oder Ordnung nicht zu besorgen ist.

(4) Die zuständige Behörde kann zur Durchsetzung der Verbote der Absätze 1 und 2 Anordnungen treffen. Sie kann insbesondere Personen, die diesen Verboten zuwiderhandeln, von der Veranstaltung ausschließen.

§ 21 [Störung von Versammlungen und Aufzügen] Wer in der Absicht, nichtverbotene Versammlungen oder Aufzüge zu verhindern oder zu sprengen oder sonst ihre Durchführung zu vereiteln, Gewalttätigkeiten vornimmt oder androht oder grobe Störungen verursacht, wird mit Freiheitsstrafe bis zu drei Jahren oder mit Geldstrafe bestraft.

§ 22 [Beeinträchtigung und Bedrohung der Versammlungsleitung und Ordner] Wer bei einer öffentlichen Versammlung oder einem Aufzug dem Leiter oder einem Ordner in der rechtmäßigen Ausübung seiner Ordnungsbefugnisse mit Gewalt oder Drohung mit Gewalt Widerstand leistet oder ihn während der rechtmäßigen Ausübung seiner Ordnungsbefugnisse tätlich angreift, wird mit Freiheitsstrafe bis zu einem Jahr oder mit Geldstrafe bestraft.

§ 23 [Öffentl. Aufforderung zur Teilnahme an verbotener Versammlung] Wer öffentlich, in einer Versammlung oder durch Verbreiten von Schriften, Ton- oder Bildträgern, Abbildungen oder anderen Darstellungen zur Teilnahme an einer öffentlichen Versammlung oder einem Aufzug auffordert, nachdem die Durchführung durch ein vollziehbares Verbot untersagt oder die Auflösung angeordnet worden ist, wird mit Freiheitsstrafe bis zu einem Jahr oder mit Geldstrafe bestraft.

§ 24 [Verwendung bewaffneter Ordner] Wer als Leiter einer öffentlichen Versammlung oder eines Aufzuges Ordner verwendet, die Waffen oder sonstige Gegenstände, die ihrer Art nach zur Verletzung von Personen oder Beschädigung von Sachen geeignet und bestimmt sind, mit sich führen, wird mit Freiheitsstrafe bis zu einem Jahr oder mit Geldstrafe bestraft.

§ 25 [Abweichende Durchführung von Versammlungen und Aufzügen] Wer als Leiter einer öffentlichen Versammlung unter freiem Himmel oder eines Aufzuges

1. die Versammlung oder den Aufzug wesentlich anders durchführt, als die Veranstalter bei der Anmeldung angegeben haben, oder

2. Auflagen nach § 15 Abs. 1 nicht nachkommt,

wird mit Freiheitsstrafe bis zu sechs Monaten oder mit Geldstrafe bis zu einhundertachtzig Tagessätzen bestraft.

§ 26 [Abhaltung verbotener oder nicht angemeldeter Versammlungen und Aufzüge] Wer als Veranstalter oder Leiter

1. eine öffentliche Versammlung oder einen Aufzug trotz vollziehbaren Verbots durchführt oder trotz Auflösung oder Unterbrechung durch die Polizei fortsetzt oder

2. eine öffentliche Versammlung unter freiem Himmel oder einen Aufzug ohne Anmeldung (§ 14) durchführt, wird mit Freiheitsstrafe bis zu einem Jahr oder mit Geldstrafe bestraft.

§ 27 [Führung von Waffen] (1) Wer bei öffentlichen Versammlungen oder Aufzügen Waffen oder sonstige Gegenstände, die ihrer Art nach zur Verletzung von Personen oder Beschädigung von Sachen geeignet und bestimmt sind, mit sich führt, ohne dazu behördlich ermächtigt zu sein, wird mit Freiheitsstrafe bis zu einem Jahr oder mit Geldstrafe bestraft. Ebenso wird bestraft, wer ohne behördliche Ermächtigung Waffen oder sonstige Gegenstände im Sinne des Satzes 1 auf dem Weg zu öffentlichen Versammlungen oder Aufzügen mit sich führt, zu derartigen Veranstaltungen hinschafft oder sie zur Verwendung bei derartigen Veranstaltungen bereithält oder verteilt.

(2) Wer

1. entgegen § 17a Abs. 1 bei öffentlichen Versammlungen unter freiem Himmel, Aufzügen oder sonstigen öffentlichen Veranstaltungen unter freiem Himmel oder auf dem Weg dorthin Schutzwaffen oder Gegenstände, die als Schutzwaffen geeignet und den Umständen nach dazu bestimmt sind, Vollstreckungsmaßnahmen eines Trägers von Hoheitsbefugnissen abzuwehren, mit sich führt,

2. entgegen § 17a Abs. 2 Nr. 1 an derartigen Veranstaltungen in einer Aufmachung, die geeignet und den Umständen nach darauf gerichtet ist, die Feststellung der Identität zu verhindern, teilnimmt oder den Weg zu derartigen Veranstaltungen in einer solchen Aufmachung zurücklegt oder

3. sich im Anschluß an oder sonst im Zusammenhang mit derartigen Veranstaltungen mit anderen zusammenrottet und dabei
   a) Waffen oder sonstige Gegenstände, die ihrer Art nach zur Verletzung von Personen oder Beschädigung von Sachen geeignet und bestimmt sind, mit sich führt,
   b) Schutzwaffen oder sonstige in Nummer 1 bezeichnete Gegenstände mit sich führt oder
   c) in der in Nummer 2 bezeichneten Weise aufgemacht ist,

wird mit Freiheitsstrafe bis zu einem Jahr oder mit Geldstrafe bestraft.

§ 28 [Verstöße gegen Uniform- und politisches Kennzeichenverbot] Wer der Vorschrift des § 3 zuwiderhandelt, wird mit Freiheitsstrafe bis zu zwei Jahren oder mit Geldstrafe bestraft.

§ 29 [Ordnungswidrigkeiten] (1) Ordnungswidrig handelt, wer

1. an einer öffentlichen Versammlung oder einem Aufzug teilnimmt, deren Durchführung durch vollziehbares Verbot untersagt ist,

112

1a. entgegen § 17a Abs. 2 Nr. 2 bei einer öffentlichen Versammlung unter freiem Himmel, einem Aufzug oder einer sonstigen öffentlichen Veranstaltung unter freiem Himmel oder auf dem Weg dorthin Gegenstände, die geeignet und den Umständen nach dazu bestimmt sind, die Feststellung der Identität zu verhindern, mit sich führt,

2. sich trotz Auflösung einer öffentlichen Versammlung oder eines Aufzuges durch die zuständige Behörde nicht unverzüglich entfernt,

3. als Teilnehmer einer öffentlichen Versammlung unter freiem Himmel oder eines Aufzuges einer vollziehbaren Auflage nach § 15 Abs. 1 nicht nachkommt,

4. trotz wiederholter Zurechtweisung durch den Leiter oder einen Ordner fortfährt, den Ablauf einer öffentlichen Versammlung oder eines Aufzuges zu stören,

5. sich nicht unverzüglich nach seiner Ausschließung aus einer öffentlichen Versammlung oder einem Aufzug entfernt,

6. der Aufforderung der Polizei, die Zahl der von ihm bestellten Ordner mitzuteilen, nicht nachkommt oder eine unrichtige Zahl mitteilt (§ 9 Abs. 2),

7. als Leiter oder Veranstalter einer öffentlichen Versammlung oder eines Aufzuges eine größere Zahl von Ordnern verwendet, als die Polizei zugelassen oder genehmigt hat (§ 9 Abs. 2, § 18 Abs. 2), oder Ordner verwendet, die anders gekennzeichnet sind, als es nach § 9 Abs. 1 zulässig ist, oder

8. als Leiter den in eine öffentliche Versammlung entsandten Polizeibeamten die Anwesenheit verweigert oder ihnen keinen angemessenen Platz einräumt.

(2) Die Ordnungswidrigkeit kann in den Fällen des Absatzes 1 Nr. 1 bis 5 mit einer Geldbuße bis tausend Deutsche Mark und in den Fällen des Absatzes 1 Nr. 6 bis 8 mit einer Geldbuße bis zu fünftausend Deutsche Mark geahndet werden.

§ 30 [Einziehung] Gegenstände, auf die sich eine Straftat nach § 27 oder § 28 oder eine Ordnungswidrigkeit nach § 29 Abs. 1 Nr. 1a oder 3 bezieht, können eingezogen werden. § 74a des Strafgesetzbuches und § 23 des Gesetzes über Ordnungswidrigkeiten sind anzuwenden.

Auszug aus dem Hamburger Pressegesetz
HPresseG

§ 8
Impressum

(1) Auf jedem in der Freien und Hansestadt Hamburg erscheinenden Druckwerk müssen Name oder Firma und Anschrift des Druckers und des Verlegers, beim Selbstverlag die des Verfassers oder des Herausgebers genannt sein.

(2) Auf den periodischen Druckwerken sind ferner Name und Anschrift des verantwortlichen Redakteurs anzugeben. Sind mehrere Redakteure verantwortlich, so muß das Impressum die geforderten Angaben für jeden von ihnen enthalten. Hierbei ist kenntlich zu machen, für welchen Teil oder sachlichen Bereich des Druckwerks jeder einzelne verantwortlich ist. Für den Anzeigenteil ist ein Verantwortlicher zu benennen; für diesen gelten die Vorschriften über den verantwortlichen Redakteur entsprechend.

(3) Zeitungen und Anschlußzeitungen, die regelmäßig wesentliche Teile fertig übernehmen, haben im Impressum auch den für den übernommenen Teil verantwortlichen Redakteur und den Verleger des anderen Druckwerkes zu benennen.

§ 20
Strafbare Verletzung der Presseordnung

Mit Freiheitsstrafe bis zu einem Jahr oder mit Geldstrafe wird bestraft, wer

1. als Verleger eine Person zum verantwortlichen Redakteur bestellt, die nicht den Anforderungen des § 9 entspricht,

2. als verantwortlicher Redakteur zeichnet, obwohl er die Voraussetzungen des § 9 nicht erfüllt,

3. als verantwortlicher Redakteur oder Verleger - beim Selbstverlag als Verfasser oder Herausgeber - bei einem Druckwerk strafbaren Inhalts den Vorschriften über das Impressum (§ 8) zuwiderhandelt,

§ 21
Ordnungswidrigkeiten

(1) Ordnungswidrig handelt, wer vorsätzlich oder fahrlässig

1. als verantwortlicher Redakteur oder Verleger - beim Selbstverlag als Verfasser oder Herausgeber - den Vorschriften über das Impressum (§ 8) zuwiderhandelt oder als Unternehmer Druckwerke verbreitet, in denen das Impressum ganz oder teilweise fehlt,

2. als Verleger oder als Verantwortlicher für den Anzeigenteil (§ 8 Absatz 2 Satz 4) eine Veröffentlichung gegen Entgelt nicht als Anzeige kenntlich macht oder kenntlich machen läßt (§ 10).

(2) Ordnungswidrig handelt, wer fahrlässig einen der in § 20 genannten Tatbestände verwirklicht.

(3) Die Ordnungswidrigkeit kann, wenn sie vorsätzlich begangen worden ist, mit einer Geldbuße bis zu 10 000 Deutsche Mark, wenn sie fahrlässig begangen worden ist, mit einer Geldbuße bis zu 5000 Deutsche Mark geahndet werden.

114